Gertraud Schöpflin

Eine Badewanne voll Glück

Wie meine Träume
laufen lernten

... in Kinderlosigkeit, Adoption,
Mutterglück und offenen Familienfragen

BRUNNEN
Verlag GmbH · Giessen

Gertraud Schöpflin, Journalistin und Lehrerin, verheiratet
und Mutter von vier Söhnen, lebt nahe Stuttgart
und ist als Referentin für Veranstaltungen unterwegs.
Kontakt: Gertraud.schoepflin@t-online.de

© 2020 Brunnen Verlag GmbH, Gießen
Lektorat: Petra Hahn-Lütjen
Umschlagfoto: Miss X / Photocase Addicts GmbH
Umschlaggestaltung: spoondesign, Olaf Johannson
Satz: DTP Brunnen
Herstellung: GGP Media GmbH, Pössneck
ISBN Buch: 978-3-7655-0735-9
ISBN Ebook: 978-3-7655-7551-8
www.brunnen-verlag.de

Inhalt

Stimmen zum Buch

Von Prof. Dr. Elisabeth Jäger, Claudia Filker, Maria Prean, Marlies Kielhorn, Helmut Limburger, Rita Bially, Julia X.

Ungewollte Kinderlosigkeit ist oft ein leises Leiden, ein unbestimmtes, manchmal unheimliches Warten und verstecktes Trauern. Zur Sprache kommt es selten, und wenn, dann meistens nur im kleinen Kreis. Es rührt an eine heikle Stelle: Auch wenn die heutigen technologischen Entwicklungen es nicht so stehen lassen wollen – der Mensch ist nicht Herr über Leben und Tod. Er kann nicht Kinder machen und Leben schaffen, sondern erfährt an dieser Grenze seine Ohnmacht und Abhängigkeit vom Schöpfer. Das kann die Beziehung zu Gott auf eine Probe stellen, und es lohnt sich, die Verletzlichkeit und Bedürftigkeit in diesen Fragen ernst zu nehmen und sich dafür zum Beispiel auch persönliche Zeit in einer Seelsorge oder geistlichen Begleitung zu nehmen. In der Bibel wird dieser Not in fast auffallender Weise Raum gegeben und auch deutlich, dass jede Frau, jedes Paar gefragt ist, einen eigenen und persönlichen Weg im Umgang mit dieser Frage zu suchen.

Ich freue mich über das vorliegende Buch und den Mut von Gertraud Schöpflin, ihre Lebensgeschichte zu diesem Thema zu teilen.

Die Lücke kann tatsächlich unterschiedlich gefüllt werden: In meiner Praxis habe ich Frauen, die nicht selten mit Depressionen kämpfen und erst einmal Zeit brauchen, ihre Situation anzunehmen. Manche entscheiden sich für ein Leben ohne Kinder und finden den Frieden mit sich und Gott wieder, indem sie ihr

Leben mit persönlichen Projekten anreichern, z. B. bisher ungesehenen Wünschen aus der eigenen Kindheit mehr Gewicht und Raum zu geben und „Fruchtbarkeit" durch sozialen Einsatz oder künstlerischen Selbstausdruck zu entwickeln. Das braucht oft seine Zeit und ist ein ganz eigener Prozess. Dabei ist es in jedem Fall hilfreich, authentische Berichte von anderen Frauen als Anregung zu bekommen.

Gertraud Schöpflin hat sich für den Weg entschieden, Kinder zu adoptieren und berichtet in berührender Weise, wie sich dabei ihr Leben verändert. Es tut gut, zu lesen, wie sich ihr Vertrauen in Gott dabei neu gründet und festigt und ihr diese Beziehung über schmerzliche Momente hinweghilft. Um ein altes, zuerst oft missverstandenes Wort zu wählen: dass *Demut* Gott gegenüber etwas zutiefst Heilsames im Umgang mit eben dieser Frage werden kann.

Ich wünsche dem Buch viele offene Leser(innen) und freue mich bereits jetzt über das Teilen der Erfahrungen von Gertraud mit uns.

Prof. Dr. Eva Maria Jäger,
IHL Liebenzell, Professorin für Soziale Arbeit
mit dem Schwerpunkt Lebens- und Sozialberatung

Gertraud Schöpflin schreibt mit so viel Herz von ihrer Trauer über Kinderlosigkeit, von aufregenden Adoptionen, Schwangerschaften mit Hindernissen! Und von den gewaltigen Anstrengungen, wenn die größten Wünsche in Erfüllung gehen – vom Leben mit einem vollen Familiennest. Herausgekommen ist ein Buch vom Scheitern und Aufstehen. Ein schonungslos offenes, ehrliches Buch. Ein Buch voller Mut und Gottvertrauen. Halten Sie beim Lesen unbedingt ein Taschentuch griffbereit!

Paare mit Kinder- oder Adoptionswunsch, aber auch gestresste Mütter und Väter werden von diesem Buch profitieren. Nicht zuletzt, weil es der Autorin gelingt, am Ende eines jeden Kapitels ihren Leserinnen und Lesern ausgezeichnete „sachdienliche" Hinweise zu geben.

Claudia Filker,
Mutter von vier Adoptivkindern aus drei Konti-
nenten und zwei leiblichen Kindern, Autorin

Wie viele Söhne habt ihr jetzt? Vier! *Glory to God!*

Ich habe ja auch drei adoptiert. Einer meiner Söhne ist schon in der Ewigkeit, aber ich bin inzwischen total in Frieden darüber. Meine Tochter habe ich mit neun Monaten bekommen. Damals war ich sechsundsechzig Jahre alt und musste mein Leben noch einmal völlig umstellen.

Sie hat sich natürlich an nichts von früher erinnert. Eines Tages fragte sie mich: „Mama, warum bist denn du so hell und ich so dunkel?"

Da sagte ich: „Schatzi, weil du in einem anderen ‚Baucherl' warst."

„In was für einem Bauch war ich denn?"

„In einem afrikanischen."

„Mama, … wie alt war denn die?"

Da sagte ich: „Zwölf Jahre."

„Oh …"

„Angel", sagte ich zu ihr – sie war damals dreieinhalb, „ich habe ihr versprochen, wenn du sie sehen willst, werden wir kommen. Du musst es nur sagen, und wir gehen sie besuchen."

Sie schwieg eine Weile, dann sagte sie: „Des werd ich dir dann sagen, wenn ich die sehen will."

Drei Tage später krabbelte sie unter meinem Bett durch, legte sich auf mich drauf und zog sich die Decke über den Kopf. Dann flüsterte sie: „Mama, bete für ein kleines Mädchen!"

Also begann ich: „Lieber Gott, jetzt hast du mir schon so einen lieben Jungen gegeben, den Richard. Ich bin so dankbar.

Aber so ein kleines Mädchen wäre schon die Erfüllung! Das wäre wirklich der Höhepunkt des Lebens!"

Plötzlich kitzelte Angel mich.

Ich sagte: „Wow, da ist ja schon etwas drinnen!" Ich klopfte auf die Decke. „Nein, das ist ja schon so groß, lieber Gott!", rief ich. „Lass es doch herauskommen!"

Und dann krabbelte sie heraus.

Ich habe geweint vor Dankbarkeit und Freude und sie abgebusselt.

Drei Wochen lang spielten wir das jeden Tag. Ich war ratlos und fragte Gott: „Was soll ich tun?"

Er sagte: „Lass sie! Sie verarbeitet ihre Ablehnung."

Inzwischen ist sie ein Teenager und wir lieben uns sehr, sehr, sehr. Vor einigen Wochen sagte sie zu mir: „Gell, Mama, das ist doch genial, wie der liebe Gott uns zusammengebracht hat. Dich aus Europa und mich aus dem kleinen Dorf zu dir – Mama, das war der beste Schachzug!"

Als ich dreißig Jahre alt war, gab mir Gott einen Bibelvers aus Jesaja 54, in dem es heißt, dass die Kinderlose mehr Kinder haben wird als die Verheiratete. Da war ich ganz schön sauer. Ich wollte das nicht! Ich wollte eigene! Und zwar zehn! Doch es kam anders ...

Heute sagen 14 000 Kinder zu mir „Mama Maria"!

Ich glaube, Gott vergisst nichts. Gottes Zeitpunkt ist der Wichtigste. Das ist mir ganz wichtig – der Zeitpunkt Gottes! Denn er ist nie zu früh und nie zu spät – auch wenn er für unser Gefühl zu spät ist.

Maria Luise Prean-Bruni, Gründerin und Leiterin der
christlichen Hilfsorganisation „Vision for Africa International",
lebt als dreifache Adoptivmutter in Uganda und Österreich.

Erst als ich die letzte Seite verschlungen hatte, konnte ich das Buch aus meiner Hand legen.

Schonungslos offen erzählt die Autorin von der Achterbahn ihrer Erlebnisse.

Als heimlicher Zaungast taucht man in die Ereignisse mit ein.

Ein Familientisch erzählt seine Geschichte. Und jeder, der an diesem Tisch sitzt, will dessen Abenteuer auch hören.

Hoffnung, Enttäuschung, Verzweiflung, Schmerz und Trost – mit Zuversicht und Freude – reichen sich unnachgiebig die Hand.

Schließlich lässt sich im Wirbelsturm dieser Geschichte Gottes Handschrift entziffern.

Seine Gedanken und Wege sind tatsächlich ungeahnt höher, als unsere Wünsche und Vorstellungen es vermögen. Und das ist gut so!

Marlies Kielhorn, Integrationsfachkraft
an der Freien Evangelischen Schule Böblingen

Familiengeschichten gibt es seit Anbeginn der Menschheit. Jede Familie hat dabei ihre ureigene Vita. Was es bedeutet, konsequent im Glauben an einen lebendigen Gott den eigenen Familienweg zu gehen, beschreibt dieses Buch eindrücklich und anschaulich. Über die vordergründige Thematik der Adoption hinaus liefert das Buch vielfältige Anknüpfungspunkte in verschiedenen Lebenslagen. Für mich als Bruder der Autorin eine Zeitreise in der Familienchronik mit bewegendem Einblick in die Seele meiner Schwester.

Helmut Limburger,
Lehrer, Bruder der Autorin

Gestern Abend habe ich zu lesen begonnen. Ich kam bis zum 6. Kapitel. Heute Vormittag habe ich direkt weitergelesen – bis zum Schluss. Wie ein Roman geschrieben – voller Spannung mit tiefgründigen Gedanken. Ich hatte das Gefühl, mit dem

Paar auf der Reise zu sein. Einer Reise, die ich unglaublich finde. Einer Lebensreise voller Herausforderungen. Wie Gertraud Schöpflin alles gemeistert hat und immer wieder im Vertrauen losgegangen ist und sich im Warten geübt hat (was ja mit am schwersten ist), das finde ich wirklich sehr bewundernswert. An einigen Stellen musste ich lachen, an einigen Stellen liefen mir die Tränen, weil ich sehr berührt war.

Die Autorin schreibt mit großer Ehrlichkeit über Ängste und Sorgen, so, wie das Leben ist. Sie muss immer sehr viel in ihr Tagebuch geschrieben haben!

„Eine Badewanne voll Glück" enthält so viel Ermutigung, Glaubensstärkung und Trost.

Auf jeden Fall brauchen wir jetzt weitere Exemplare zum Verschenken!

Rita Bially,
Redaktion Magazin „Charisma"

„Ich konnte gar nicht aufhören zu lesen. Doch als ich zum Kapitel kam, das meine Geschichte enthält, musste ich es weglegen. Mir kamen die Tränen. Manchmal kann ich selbst nicht glauben, was ich alles durchgemacht habe, und dass ich die Kraft hatte, all das durchzustehen. Es hat aber auch mein Herz berührt, was ihr alles durchgestanden habt.

Ich werde euch bis an meine letzten Tage dankbar sein, dass mein Kind so schön aufwachsen durfte und so ein toller Junge geworden ist.

Ich würde mich freuen, wenn das Buch ein Erfolg wird und anderen Mut macht!"

Julia X., leibliche Mutter des ältesten Sohnes
(Name zum Schutz der Person geändert)

Alle einverstanden?

„Alle einverstanden, dass wir ein Buch darüber schreiben?"

„Ist okay für mich."
Levi

„Ich vertraue dir da schon,
dass du das Richtige schreibst.
Ich will mich mit dieser
Geschichte nicht verstecken!"
Josia

„Also gut, aber nur
wenn ich dein Ma-
nager werde."
Isaak

„Mir egal.
Solang's nicht illegal ist …"
Elia

„Ich dachte, das hebst du dir auf fürs Alter?"
Hanspeter

Besuch!
Dann wisch noch schnell den Tisch ...

Ich höre, wie die Gäste unten im Erdgeschoss in den Hausgang treten. Zum Glück hat irgendeiner die Haustüre geöffnet.

O Schreck, der Wohnzimmertisch! Der hat es auch nötig!

Mein Lappen fährt über den Schmutzfilm, den Chips, Salzstangen, Nutella-Brot und Popcorn in den letzten Tagen hinterlassen haben. Unbemerkt, versteht sich. So heimlich, wie die Packungen mit diesen Köstlichkeiten oft auch aus dem Schrank gewandert sind.

Ich habe aufgehört, Fragen zu stellen, wie: „Wer hat die ‚Merci' aus dem Schrank geklaut?" Sie waren eigentlich für die Klavierlehrerin bestimmt. Stets beteuern mir vier Unschuldsmienen nur: „Ich war's nicht!" Und der Hund scheidet aus. Er stibitzt nur Katzenfutter.

Leider sind nicht alle Beispiele aus unserem Familienalltag so harmlos. Andere Vorfälle haben mich mehr als an meine Grenzen gebracht. Ich habe mir abgewöhnt, mich über alles aufzuregen. „Ich bin Mutter und nicht Polizistin", sage ich mir, wenn ich den Schuldigen nicht finde. Das Gefühl, belogen zu werden, hat mich oft geschmerzt. Darum bleiben manche Fälle ungelöst. Es muss genügen, dass Gott den Überblick behält.

Mit dem Geschirrtuch reibe ich das weiche Kiefernholz trocken. Dunkle Astlöcher geben der Maserung ihr unverwechselbares Aussehen. Das Holz ist glatt und makellos. Das war nicht immer so. Es gab Zeiten, da sah dieser Tisch aus wie eine Werkbank. Tiefe Rillen hatten Gabeln, Scheren und andere spitze

Gegenstände in dieses Holz gegraben. Nicht allein in das Holz – ordentliche Schrammen hat auch unser Idealismus im Laufe der Jahre abbekommen.

Der Tisch war nicht verkratzt gewesen, als ich ihn mitgeheiratet habe.

Zu diesem Möbelstück gehörte ein Mann, der meine Träume mit mir teilte: Hanspeter!

Wir wollten eine Familie gründen und glücklich sein – wie andere auch. Das mit der Familie ließ jedoch jahrelang auf sich warten. Und das mit dem Glück … Das ist eine Geschichte für sich!

Auf jeden Fall kam der Tag, an dem mir dieser Wohnzimmertisch reif für den Sperrmüll erschien.

„Ich will keine ‚Werkbank‘ zwischen Sofa und Sessel“, so lautete meine Begründung für den Abschied. Ich wollte mich nicht nur von diesem Möbelstück aus Kiefernholz trennen, das es in jedem Abholbereich eines Mitnahmemarktes gab. Auch all die schmerzhaften Erinnerungen wollte ich loshaben, die mit den Furchen im Holz und den geschundenen Ecken verbunden waren. Die wenigsten Kratzer hatte der ganz normale Alltag diesem Tisch zugefügt.

Mutwillig hatten kleine Hände aus Zorn und Eifersucht darin Spuren hinterlassen – und nicht nur in diesem Tisch … So manches erinnert uns bis heute an die schmerzhaften Kerben unseres Familienabenteuers.

Anfangs hatten mein Mann und ich allein an diesem Tisch gesessen. Acht Jahre warteten wir darauf, dass sich unser Leben mit Kindern füllen würde – anfangs träumten wir davon, zuletzt weinten wir darum. Wir hatten nur zwei Katzen.

„Gib ihnen Kinder statt Katzen!“, beteten Freunde für uns.

Dann geschah das Wunder: Wir wurden vom Ehepaar zu einer Familie.

Innerhalb von neun Jahren veränderte sich unser Familienstand von kinderlos zu kinderreich. Eines nach dem anderen scharte sich um den Tisch. Jede Ankunft war ein Fest!

Doch auch Wunder gehen nicht spurlos an uns vorüber. Dieser kleine Tisch bekam alles mit – und vieles ab.

Nach einem Umzug erschien mir seine Zeit abgelaufen. Ich sah mich in einem Möbelhaus bereits nach einem neuen um. Aber mein ältester Sohn, damals ein Teenager, bettelte um Gnade.

„Gib ihn mir. Ich reparier ihn dir!"

Zuerst wollte ich dem Jungen und dem Tisch keine Chance geben.

„Nein danke! Im Wohnzimmer will ich etwas Schönes haben!"

Doch der Halbwüchsige blieb hartnäckig. Mein Mann meinte, ich könne ihm doch den alten Tisch zum „Werkeln" überlassen, so wie unsere Söhne auch alte Radios und Rührgeräte auseinanderbauen durften. In Ordnung – kurz vor dem Sperrmüll hat man nichts mehr zu verlieren. Und der neue Tisch war ja schon ausgesucht.

Unser Ältester nahm das Ding mit in die Werkstatt. Ein paar Stunden später schleppte er ihn wieder zurück.

„Und?"

Mit einem triumphierenden Blick hievte er ihn wieder an seinen alten Platz.

Ich traute meinen Augen kaum. Meine Hand fuhr über die Platte. Frisch geschliffen fühlte sich das Holz an wie Samt – weich und unversehrt. Ich hatte die Maserung noch nie so wahrgenommen.

Ein neuer Tisch stand vor mir. In geheilter Schönheit.

All die Furchen und Kratzer der vergangenen Jahre – sie waren verschwunden.

Nur … der Lack war ab. Endgültig.

Bis heute steht der Holztisch bei uns im Wohnzimmer in der Sofaecke. Ich gebe ihn nicht mehr her. Für mich ist er ein Schmuckstück.

Er ist ein Sinnbild geworden für die Wunden und die Heilung, die wir erlebten, für die Höhen und Tiefen unserer Geschichte.

Du willst sie hören? Setz dich gern mit an den Tisch!

1
Tränen zum Muttertag

„Verschaff mir endlich Kinder,
sonst will ich nicht länger leben!"
1. Mose 30,1

Eine Obstkiste voll kleiner Blumentöpfe steht vorne an der Bühne. „Fleißige Lieschen" – die hat man mir einst schon im Kindergarten in die Hände gedrückt, um sie meiner Mutter zu schenken.

Ich ahne schon, was in diesem Gottesdienst kommt. Es ist Muttertag. Zeit, die Mütter in der Gemeinde zu ehren. Die Kleinen marschieren mit den Betreuern des Kinderprogramms vorne im Gottesdienstraum auf. Der Pastor tritt lächelnd hinter das Mikrofon. „Wir bitten alle Mütter, einmal aufzustehen. Wir haben eine Überraschung für euch …"

Ich bleibe sitzen. In mir rumoren alte Erinnerungen. Ich kann einfach nicht aufstehen. Ich leide an „Muttertags-Allergie". Verstohlen schiele ich zu den Singles und Kinderlosen schräg gegenüber.

Was kann ich dafür, dass ich Mutter bin und sie nicht?
Es ist ein unverdientes Geschenk!

Während der Pastor die Dankesworte an die Mütter richtet und ihre Hingabe rühmt, studiere ich die Schattierungen des grauen Teppichbodens. Zu sehr leide ich mit den Frauen, die ungewollt keine Mütter sind. Wie sie sich wohl gerade fühlen? Früher waren für mich Momente wie diese grauenhaft.

Alle Frauen sind Evas!

Am liebsten würde ich es laut sagen.

Alle haben die Berufung, Mütter in dieser Welt zu sein und Leben zu spenden – auch die, die nicht geboren haben!

Der Dank an die Mamas ist lieb gemeint. Ich weiß. Aber ich kann mich nur schwer an den Blumen freuen. Die Kinder mit den „Fleißigen Lieschen" finden zu mir, auch wenn ich nicht mit den Müttern aufgestanden bin. Ich halte das Töpfchen in der Hand und betrachte die kleinen rosa Blätter der Blüten. Dabei steigen in mir die Gefühle jener Zeit auf, in der man mir diese Blumen nicht überreicht hätte. Der Muttertag trieb mir viele Jahre Tränen in die Augen …

Schon vor der Ehe hatten wir uns ausgemalt, wie schön es sein würde, eine große Familie zu haben. „Ich will, dass du der Vater meiner Kinder wirst", hatte ich Hanspeter nach seinem Heiratsantrag in einem Park ins Ohr geflüstert.

Doch meine Hoffnung, so wie einst meine frisch verheiratete Mutter schneller schwanger zu werden als aufgeklärt zu sein, erfüllte sich nicht. Jeder Zyklus endete mit der gleichen Enttäuschung, die auch noch körperlich schmerzhaft war.

„Du musst deinen Lebensstil ändern. Dein Job ist zu stressig", riet man mir. Mein Leben damals pulsierte. Meine Tätigkeit bei einer Tageszeitung war anstrengend und schön zugleich. Eigentlich liebte ich dieses pralle Leben … Doch ich beschloss, ein Studium zu beginnen. Ich schrieb mich bei der Pädagogischen Hochschule ein – in der Hoffnung, schwanger zu werden. Lehrerin zu werden, war nicht unbedingt mein Ziel. Aber Mutter wollte ich werden – um jeden Preis!

Auch neugierige Zeitgenossen begannen bei dem inzwischen länger verheirateten Paar langsam nachzuhaken. „Wollt ihr eigentlich keine Kinder?", so kamen mit der Zeit die ersten Anfragen. Nicht jedem wollte ich diese Frage beantworten. Es ermüdete, mich immer wieder zu rechtfertigen.

„Das steht dir aber gut!", bekam ich zu hören, wenn ich es wagte, ein Kleinkind von Bekannten hochzunehmen. Um Kom-

mentare zu vermeiden, gewöhnte ich es mir ab und mied die Nähe zu kleinen Kindern.

Zum Glück gab es Orte, an denen wir ehrlich sein konnten. In unserer Kirchengemeinde, besonders in unserem Hauskreis, fanden wir Freunde, die uns ernst nahmen, uns zuhörten und für uns beteten. Auch wenn sie in einem Fall sogar mit dem Gegenteil zu kämpfen hatten! Sie erwarteten ein ungeplantes Kind ... und hatten an ihrer Situation genauso zu knabbern wie wir an unserer Not.

Unseren Verwandten waren wir dankbar, dass sie uns nie unter Druck gesetzt haben, obwohl es sich Hanspeters betagte Eltern sicher gewünscht hätten, Enkel zu erleben. Aber sie gehörten zu einer Generation, die solche Themen nicht ansprach. Hanspeters Vater starb, ohne je einen Enkel gesehen zu haben. Mein Mann wurde daraufhin viele Wochen krank.

Aus Trauer und Enttäuschung, weil die Wiege leer blieb, wurden Depression und Hoffnungslosigkeit. Jeden Sonntagnachmittag, wenn wir Zeit zum Nachdenken hatten, tat sich vor mir ein großes schwarzes Loch auf und ich versank darin. Ohne die Perspektive, ein Kind zu haben, kam mir mein Leben sinnlos vor. Ich fühlte mich wertlos – im Kern getroffen in meiner Identität als Frau. Diese Trauer hatte mich im Griff und war mit dem Verstand nicht zu bezwingen.

Hanspeter stand hilflos daneben. Auch er trauerte – aber er drückte es anders aus. Er wünschte sich sehnlichst ein Mädchen mit Locken. Doch er sprach selten von seinen Träumen. Auch er vergoss Tränen. Aber meist im Stillen und allein. Sein Körper begann stattdessen in Krankheitssymptomen zu zeigen, was seiner Seele schwerfiel, in Worte zu fassen.

Wir träumten von dem, was wir gerne mit unseren Kindern unternommen hätten ... Aber was will ein Paar allein in einem Zoo oder Freizeitpark? Wir fühlten uns an solchen Ausflugszielen für Familien umso einsamer. Es nervte mich, aber alles Lebensglück schien an der Erfüllung dieses einen Herzenswunsches zu hängen! *Wie schön wäre es, wenn …* Diese Gefühle holten uns immer wieder ein. Ein Leben ohne Kinder schien uns einfach unvorstellbar.

Also quälten wir uns weiter. Längst bestimmte der Terminkalender die Zeiten unserer Intimität. Wir begannen einen Frauenarzt ins Vertrauen zu ziehen. Er optimierte den Blick auf die fruchtbaren Tage weiter per Medikamente und Ultraschall. Ich war es bald leid, die reifenden Eizellen am Bildschirm zu beobachten. Die Follikel wurden vermessen, damit der Arzt den Zeitpunkt bestimmen konnte, wann wir „aktiv" werden sollten.

Doch was half es mir, ein unbefruchtetes Ei zu beobachten? Es ermüdete mich, Monat für Monat vergeblich zu hoffen … Auch Hoffnung kann zur Qual werden!

Ich wünschte, diesen Herzenswunsch aus mir herausschneiden zu können und beneidete kinderlose Ehepaare, die sich offensichtlich zufrieden anderen Lebensaufgaben zugewandt hatten. Doch wir fanden keinen Ausweg aus dem dunklen Tal und keine Abkürzung durch diese Trauer.

Bin ich verurteilt, zu hoffen? Im vierwöchigen Rhythmus? Jahrelang?

Wann werden wir dieses Thema endlich „weglegen" können?

Es gab keine Ursache für unsere Kinderlosigkeit, die uns das Thema aus der Hand genommen hätte. Die medizinischen Untersuchungen verliefen ergebnislos – wie bei vielen unfruchtbaren Paaren.

„Ihr seid ja noch jung!", hörten wir oft. „Das kommt schon noch … Habt Geduld!" Doch es tröstete uns mit den Jahren immer weniger. Die biologische Uhr tickte – mir als Frau war das schmerzlich bewusst. Die Fruchtbarkeit nimmt ab einem Alter von etwa dreißig Jahren immer mehr ab – solche wissenschaftlichen Studien beruhigten mich nicht gerade. Längst erlaubte ich es mir nicht mehr, in Geschäften Bücher über Babyentwicklung oder Kindererziehung durchzublättern, geschweige denn durch Abteilungen mit Babykleidung zu schlendern. Lediglich ein paar Erinnerungsstücke meiner Schwiegermutter, die sie selbst aus rosa Wolle gestrickt hatte, hob ich in einem alten Koffer auf. Sie hatte mir die Jäckchen und Mützen zu Beginn unserer Ehe erwartungsvoll überreicht.

Mit jeder Enttäuschung, Zyklus für Zyklus, wuchs in mir mein Groll auf Gott. Warum schenkte er uns kein Kind? Er konnte uns doch den erbetenen Nachwuchs schenken! Wir hatten bereits sein Eingreifen und Reden erlebt. Warum reagierte er nicht und erfüllte unseren Herzenswunsch?

Wir versuchten, uns auf andere Lebensaufgaben zu konzentrieren. Themen anzupacken, die man nur ohne Kinder angehen konnte. Halbherzig ließ ich mich darauf ein. Mir blieb ja keine andere Wahl.

Ich gab mir einen Ruck und meldete mich für die Zeit meines restlichen Urlaubs zur Mitarbeit in einem Hilfsprojekt in Albanien an. Das einst gegen den Westen streng abgeriegelte Land hatte damals gerade seine Grenzen geöffnet. Mit einem Team christlich motivierter junger Leute stieg ich in einen Lastwagen voller Hilfsgüter in Richtung Südeuropa.

Ich wollte meine Sehnsucht vergessen. Ich wollte ein sinnvolles Leben jenseits des Kinderwunsches suchen. Doch das Thema schlich mir nach. In den Bergen Albaniens holte es mich ein – und zwar völlig anders als erwartet!

Was, wenn Wünsche sich nicht erfüllen?
* Brief-Gedanken an eine Freundin siehe Seite 159 ff. *

2
Trost mitten in Trauer

„Ja, du hast mein Klagelied
in einen Reigentanz verwandelt!"
Psalm 30,12

Unser Kleinbus zottelt dem Lastwagen hinterher, der über die staubigen Straßen durch das Bergland von Albanien rumpelt. Eine Plane verbirgt die Schätze, die sich auf der Ladefläche befinden: Hilfsgüter für ein Krankenhaus. Wir wagen es nicht anzuhalten. Jede Menge, die sich in einem Dorf um uns sammeln würde, gilt als Gefahr, ausgeraubt zu werden. Der Blick aus dem Wagenfenster gleicht einer Zeitreise. Menschen mit bepackten Eseln bewegen sich am Straßenrand. Kinder hüten Kühe und Gänse. Schrottreife Autos, überladen mit Menschen und Gepäck, überholen uns. Manche Straßen sind weggespült oder in so schlechtem Zustand, dass wir Stunden für die rund 100 Kilometer brauchen.

Am Morgen sind wir in der Hauptstadt Tirana im Rahmen des Hilfseinsatzes zu dieser besonderen Aktion in jenes weiter entfernt liegende Krankenhaus aufgebrochen. Zuvor hatte unsere Gruppe junger Leute unter anderem Säcke mit Babykleidung gepackt, die an Mütter in der Entbindungsstation verteilt werden sollen.

Sogar die siebzigjährige Holländerin muss dieses Mal mitreisen. Sonst betreut sie im Auftrag der Mission das Kleiderlager hinter dem hohen Stacheldrahtzaun. Diese alte Dame beeindruckt mich: Sie verbringt bewusst ihren Lebensabend in Albanien, um ihre verbleibenden Kräfte dort einzubringen. Unsere „Oma" – so nennen wir sie liebevoll – hat auf der Fahrt einen besonderen Auftrag: Sie soll im Krankenhaus in den Bergen ein Baby abholen, das zu einer Adoption nach Norwegen vermittelt wird.

Endlich erreichen wir die Stadt, deren baufällige Häuser sich an einen Hang schmiegen. Irgendwo oberhalb liegt das Krankenhaus. Dort ist Eile geboten.

„Ihr Frauen verteilt die Säcke an die Mütter, die Oma holt das Baby, und wir Männer laden die Hilfsgüter aus", so lautet die geschlechtsspezifische Arbeitsanweisung des Einsatzleiters. Auch hier ist ein zu langer Aufenthalt für Helfer aus dem Westen gefährlich. Die Angst sitzt uns im Nacken. Wir erledigen unseren Auftrag wie abgesprochen.

Die Not ist bedrückend. Da ich die Gelegenheit nutzen will, um für einen Bericht über Albanien zu recherchieren, zeigen die Ärzte die leeren Schränke für Medikamente und Verbandsmaterial. Der Zustand des Kreißsaals erfüllt mich mit Schaudern, und ich bedaure jede Frau, die dort ein Kind gebären muss. Die Bettwäsche im Operationssaal ist blutbefleckt. Es fehlt an Waschmittel. Es heißt, man könne nur nach jeder fünften Operation die Auflagen der OP-Liege wechseln …

Wir hasten zur Oma in die Station mit den Neugeborenen. Unsere Uhr tickt. Dort allerdings ist die Zeit stehen geblieben. Nicht nur, weil man die Kinder wie früher in „Windeln wickelt" und sie in kleine Päckchen verwandelt, aus denen nur der Kopf herausragt. Jede Krankenschwester will den kleinen Jungen, den die Oma abholen soll, noch einmal drücken, bevor er auf die Reise geht. Die gefühlvolle und wortreiche Abschiedsszene macht uns immer nervöser. Die weißhaarige Holländerin steht hilflos daneben. Irgendwann reißt mir der Geduldsfaden. Entschlossen nehme ich einer Krankenschwester das Kind aus dem Arm. Plötzlich sehen mich alle Frauen verklärt an.

„Mama, … Mama", so seufzen sie und lächeln mir zu.

Gut, dann spiele ich eben die Rolle, denke ich. *Hauptsache, wir kommen hier weg.*

Ohne aufgehalten zu werden, eilen wir in die Eingangshalle des Krankenhauses. Aber unser „*Timing*" ist nicht exakt aufgegangen. Die Männer stehen noch nicht mit den Fahrzeugen vor der Tür des Hospitals. Dafür geschieht, was wir haben vermeiden wollen: Der ganze Ort scheint in dieser Eingangshalle zusammenzulaufen. Wir Frauen stehen umringt in der Menge. Mit dem Baby. Alle Albanerinnen um uns herum lächeln mich neugierig und mit glänzenden Augen an. „Mama, Mama", tuscheln sie. Nur ein alter hagerer Mann schreit mit verzerrter Miene: „Hast du das Baby adoptiert?" Immer wieder hackt er mit dieser Frage in gebrochenem Englisch auf uns ein. Ich drücke das Kind an mich und ziehe es vor, kein Englisch zu verstehen, bis die erlösenden Fahrzeuge vorfahren und wir so schnell wie möglich verschwinden können.

Ich halte den kleinen Jungen die ganze Fahrt über auf dem Arm. Die Oma sitzt neben mir. Erst in Tirana übergebe ich ihr den Kleinen mit den dunklen Knopfaugen schweren Herzens. Ich habe mich in den Wurm verliebt. Unsterblich.

Mit diesem Erlebnis im Herzen komme ich nach dem zweiwöchigen Einsatz zurück zu meinem Mann. Er ist offen für die Idee einer Adoption, doch nicht zu diesem Zeitpunkt. Er wünscht sich, zuerst eigene Kinder zu haben. Außerdem ist es für Deutsche juristisch unmöglich, in Albanien ein Kind zu adoptieren.

Diese Tür war somit für uns verschlossen.

Weil mich das Land und seine Menschen so bewegt haben, nahmen wir im nächsten Sommer noch einmal gemeinsam an einem Hilfseinsatz in Albanien teil. Als ich von der Reise heimkehrte, blieb zum erwarteten Zeitpunkt meine Periode aus. Ich begann heiß zu hoffen. Hatte Gott unseren Eifer belohnt? Aber der Schwangerschaftstest war negativ und kurz darauf bestätigte mein Körper das Ergebnis. Ich war am Boden zerstört.

„Ach, der HERR hat mich im Stich gelassen, er hat mich längst vergessen!" An diesem Tiefpunkt stieß ich auf die Worte einer

Bibelstelle in Jesaja Kapitel 49, Vers 14. Ich wunderte mich, dass mein Gefühl dort so genau beschrieben war, und löste mich in Tränen auf. Immer wieder las ich die folgenden Zeilen.

„Kann eine Mutter ihren Säugling vergessen?"

Ich jedenfalls konnte meinen Kinderwunsch nicht verdrängen.

„Und selbst wenn sie es vergessen würde – ich vergesse dich niemals!"

Galt dieses Versprechen Gottes etwa mir persönlich?

Ein paar Zeilen weiter unten wurden meine Augen noch größer.

„Die Kinder deiner Kinderlosigkeit werden noch vor deinen Ohren sagen: Der Raum ist mir zu eng. Mach mir Platz, dass ich wohnen kann! Da wirst du in deinem Herzen sagen: Wer hat mir diese geboren? Ich war doch der Kinder beraubt und unfruchtbar ..." (Jesaja 49, 20-21; ELB).

Ich konnte kaum fassen, was ich da las. Sollte das für uns gelten?

Immer wieder baten Hanspeter und ich andere Christen, für uns zu beten. Ein Gastprediger aus Israel machte uns nach einem gemeinsamen Gebet Hoffnung. „In einem Jahr werdet ihr ein Baby haben!", meinte er zuversichtlich. Doch der Tiefpunkt meiner Enttäuschung über Gott und seine Zusagen war ein Jahr später erreicht: Mein Mutterleib war leer. Genauso wie mein Herz und mein Glaube. Ich war sauer auf Gott!

„Du Elende, Sturmbewegte, Ungetröstete!"

Wieder fühlte ich mich ertappt durch ein Bibelwort – dieses Mal in Jesaja Kapitel 54, Vers 11; ELB.

„Siehe, ich lege ... deine Grundmauern mit Saphiren. Ich mache deine Zinnen aus Rubinen und deine Tore aus Karfunkeln und deine ganze Einfassung aus Edelsteinen."

Ich hörte in diesen Worten leise Gottes Stimme. Es klang so, als wollte er in meinem Leben einen Palast bauen – doch er war erst beim Fundament. War er etwa bei uns am Werk? Hatte er in allem die Kontrolle?

Ich fuhr einige Zeit danach mit einer Gruppe von Südafrikanerinnen durch Straßburg. Unsere Gemeinde, die auf deutscher Seite nahe der französischen Grenze lag, hatte Besuch von einer Gruppe von Fürbittern. Man hatte mich gebeten, mit den weit gereisten Gästen eine kleine Sightseeingtour zu machen. Ich zeige den Damen das Münster auf der anderen Seite des Rheins. Das Gespräch kommt im Auto auf die Frage, die mich am meisten bewegt.

„Wollt ihr keine Kinder?"

„Doch. Wir warten und beten seit Jahren. Aber es geschieht nichts."

Die drei Frauen schweigen. Keine Bemerkungen, wie „Ach, das kommt schon noch" oder „Habt Geduld, das wird schon …"

Während wir den Autos mit den französischen Kennzeichen folgen, wage ich es, mich zu öffnen. Ich erzähle von unserer Trauer über den unerfüllten Herzenswunsch und von meiner Enttäuschung über Gott.

„I feel, you have a crying womb", sagt plötzlich eine der Frauen hinter mir. Ihre Worte berühren mich. So hat es noch nie jemand ausgedrückt: „Ich habe den Eindruck, du hast einen weinenden Mutterleib. Ich würde gerne Trost hineinsprechen!"

Sie tat es während einer Gebetszeit in unserer Gemeinde. Sie sprach Trost in meinen *„crying womb"*. Es war völlig undramatisch.

Aber Gott umhüllte mich mit Trost. Ich kam zur Ruhe, und in mir begann ein Wandel – irgendwann bemerkte ich es. Ich las in der Schöpfungsgeschichte im ersten Buch Mose am Anfang der Bibel:

„Seid fruchtbar und mehret euch!" (1. Mose 1,28; LUT).

Dabei stellte ich fest: Diese tiefe Sehnsucht, ein Kind zu haben, kommt von Gott! Ich bin nicht überdreht oder hysterisch.

Ich bin ganz normal, wenn ich mir Kinder wünsche. (Nach meiner Überzeugung gilt das auch für den Wunsch nach einem Ehepartner.)

Und das Beste ist: Es ist Gottes Wille für mich, für uns! Diese Erkenntnis hat mich beflügelt! Gott ist auf meiner Seite! Er will, dass ein Ehepaar fruchtbar ist. Er ist nicht mein Gegner in dieser Herzensangelegenheit! Er ist nicht der, der mir das Kind vorenthält. Nein, er steht auf meiner Seite und kämpft mit mir! Was immer dem auch entgegenstehen mag ... Er ist auf meiner Seite! Er ist für mich.

Dieser einfache Satz hat alles verändert.

Wenn Gott für mich ist, was kann gegen mich sein?

So ähnlich heißt es im Römerbrief Kapitel 8, Vers 31.

In diesem Gedanken kam ich zur Ruhe. Ich konnte loslassen, was innerlich an mir zerrte.

„Du brauchst mir kein Kind zu schenken, damit ich dich mehr liebe, Herr", sagte ich in dieser Phase zu Gott. „Ich will dich jetzt und hier lieben mit meiner ganzen Kraft – egal, ob ich jemals ein Baby haben werde oder nicht. Ein Kind wird zwischen uns beiden nichts verändern."

Als eines Tages eine Einladung zu einem Tanzseminar auf meinem Tisch landete, fühlte ich mich von Gott wieder durch einen Bibelvers ermutigt, daran teilzunehmen, obwohl ich mich für unsportlich hielt und kaum Erfahrungen im Tanzen hatte.

„Sei fröhlich, du Unfruchtbare, auch wenn du nie ein Kind geboren hast! Juble und jauchze, du Kinderlose! Denn du, die du allein bist, wirst mehr Kinder haben als eine verheiratete Frau."

Diese Anweisung aus Jesaja 54 war eindeutig. Immer wieder las ich sie mir vor und wagte es. Ganz bewusst, als Gegenprogramm zu meiner Trauer, begann ich bei der Tanzgruppe in der Gemeinde mitzumachen und leitete diese schließlich. Wir traten in Gottesdiensten auf und bei Konferenzen. Dies brachte einen neuen Horizont und unerwartete Freude in mein Leben, auch wenn es immer noch Zeiten gab, in denen mich die Trauer über unseren unerfüllten Wunsch einholte. Aber die dunkle Wolke der Depression war und blieb verschwunden.

„Ja, du hast mein Klagelied in einen Reigentanz verwandelt!"

Gott hatte diesen Vers aus Psalm 30 in meinem Leben sprichwörtlich wahr werden lassen.

Dann stießen wir auf ein sensibles Thema in Blick auf Kinderlosigkeit. Uns beschäftigte die Frage, ob schuldhaftes Handeln in der Vergangenheit oder sogenannte „Flüche" eine Schwangerschaft verhindern können. Dieses Wort ist in unserer westlichen Kultur oft nicht mehr gebräuchlich. In der Bibel wird jedoch Unfruchtbarkeit im Zusammenhang mit „Fluch" genannt. Fruchtbarkeit ist Ausdruck von Gottes Segen. Ein „Fluch" hat meist mit dem fehlerhaften Verhalten oder Prägungen durch die Generationen vor uns zu tun. Doch wir können mit Gottes Hilfe aus jedem unguten Kreislauf von falschen Familienmustern ausbrechen.

Wir legten darum Gott die Frage hin, ob es ein „Erbe" gab, von dem wir uns mit Jesu Hilfe trennen sollten – aber wir zerrauften uns nicht die Haare darüber. Wir baten den Heiligen Geist, uns verborgene Ursachen für unseren unerfüllten Kinderwunsch zu zeigen, falls es welche gab. Doch es wurde uns nichts bewusst. Darum ließen wir das Thema ruhen im Glauben, dass durch Jesus jede Schuld in unserem Leben bezahlt und jeder Fluch unwirksam geworden war.

Dann kam es jedoch zu einem sehr interessanten Gespräch mit einem Ehepaar, das Erfahrung und Wissen in diesem Themengebiet hatte. Als sie mit uns beteten, erinnerte ich mich an einen Großonkel, der Priester gewesen war. Er war sehr zornig auf meinen Vater und hatte ihn scharf verurteilt, als dieser eine Frau mit der „falschen" Konfession geheiratet hatte. Viele Jahre klagte er ihn an, in einer „wilden Ehe" zu leben. Mein Vater war wegen dieses Onkels sogar von Albträumen geplagt worden.

Interessant war die Tatsache, dass ich die Babywäsche meiner Schwiegermutter ausgerechnet in einem alten Koffer von diesem Großonkel lagerte. Wir vergaben ihm und erklärten jede Auswirkung von Hass und bösen Worten im Namen Jesu für beendet.

Zu Hause mistete ich den Koffer aus. Das Museumsstück landete beim Sperrmüll. Die rosa Jäckchen und Babymützen verschenkte ich. Wir sollten sie ohnehin niemals brauchen …

Hättest du nur blaue Wolle genommen, liebe Schwiegermutter!

3
Ein Baby zu Weihnachten

„Denn uns ist ein Kind geboren!
Ein Sohn ist uns geschenkt!"
Jesaja 9,5

„Sind Sie bereit, sich einer offenen Adoption zu stellen? Die Mutter darf sich die Eltern aus drei Paaren aussuchen …" Die Stimme des Sachbearbeiters vom Jugendamt am Telefon klingt sachlich. Wie betäubt rufe ich nach meinem Mann im Wohnzimmer.

Sind wir bereit?

Ich presse meine Hand auf den Telefonhörer und erkläre ihm hastig die unerwartete Anfrage der Adoptionsstelle aus dem Landratsamt. Hanspeter nickt mit großen Augen. In dem Moment, als ich den Hörer auflege, fallen mir die Worte einer Gastsprecherin aus den USA ein: „In einem Jahr, wenn ich wiederkomme, werdet ihr ein Kind haben."

Das hatte sie im Januar gesagt. Nun war es Mitte Dezember – fast zwölf Monate später. Im Sommer hatte ich ihre Worte „ad acta" gelegt – ich hatte ihre Ankündigung ohnehin nur mit größter Vorsicht in meinem Gedächtnis gespeichert, nachdem ich erlebt hatte, dass solche Impulse während einer Gebetszeit nicht immer zu hundert Prozent vom Himmel sind.

„Vergib ihr und vergiss es!", hatte mir jemand im Sommer geraten. „Es war ihr Wunsch für euch, aber nicht unbedingt etwas, das Gott euch ausrichten ließ." Also hatte ich der alten Dame vergeben und es vergessen …

Nun starrte ich ungläubig meinen Mann an und wiederholte die Anweisungen des Sozialarbeiters. Sollten diese Worte etwa doch von Gott inspiriert gewesen sein? Sie wurden uns zu einer Zeit gesagt, als das Kind noch nicht einmal im Leib seiner Mutter war! Diese Worte sollten sich in den nächsten Monaten als bitter notwendige Wegzehrung durch eine emotional aufreibende Zeit erweisen ...

Bereits einige Jahre zuvor hatten Hanspeter und ich beschlossen, aktiv aus unserer Kinderlosigkeit aufzustehen. Irgendwann war für uns klar gewesen: Wir konnten vielleicht keine eigenen Kinder bekommen – aber wir wollten deshalb nicht ohne Kinder leben.

Darum meldeten wir uns bei der Adoptionsvermittlungsstelle im Landratsamt. Ein Sozialarbeiter nahm uns über mehrere Monate gründlich unter die Lupe und prüfte, ob wir uns als Adoptiveltern eigneten.

„Wir suchen Eltern für Kinder – nicht umgekehrt! Sind Sie dafür bereit?"

Mit diesen Worten empfing er uns. Gewissenhaft schulte er uns für die Aufgabe, ein Kind aufzunehmen. Allerdings nahm er uns auch von Anfang an die Hoffnung, in Deutschland ein Kind adoptieren zu können.

Ein Pflegekind erschien uns nicht der geeignete Weg für die Gründung einer Familie. Zu groß war unsere Angst, es wieder hergeben zu müssen. Wir sehnten uns nach einem „richtigen" Kind.

Am Ende der Überprüfung wurden wir als Karteikarte in einen großen Schrank gehängt – zu all den anderen Adoptionsbewerbern im Landkreis dazu. Nach ein paar Jahren fragte man uns, ob wir noch Interesse hätten. Wir bejahten – also blieben wir im Aktenschrank hängen und ich beendete mein Studium.

Angespannt trippeln wir im Gang der Behörde auf und ab. Im Zimmer stellt sich bereits ein anderes Ehepaar vor. Wir wissen, wie man sich um eine Arbeitsstelle bewirbt – doch um ein Kind? In meiner Hand halte ich ein paar Fotos, unter anderem eines, das ich erst ein paar Tage zuvor erhalten habe. Es zeigt mich inmitten der Abc-Schützen, die ich als Lehrerin im Sommer übernommen habe.

Dann geht die Türe auf. Das andere Bewerberpaar verlässt das Zimmer und drückt sich im engen Gang an uns vorbei. Wir treten ein. Ich bin überrascht über die hübsche Frau, deren langes Haar fast bis zu ihrem runden Bauch herabfällt, der sorgfältig unter einem weiten Pullover verborgen ist. Sie blickt mir mit großen braunen Augen nervös entgegen. Neben ihr sitzt ein blasser junger Mann – ihr Freund. Der Vater des Kindes. Noch während des Gesprächs entscheiden sich die beiden für uns als Eltern ihres Kindes.

Die Szene ist so unwirklich, dass wir nicht glauben, sie zu erleben.

Julia[1] stellte drei Bedingungen: Das Kind sollte „*Tom*" heißen, ein eigenes Zimmer haben und nicht in Armut aufwachsen. Und sie wollte es ab und zu besuchen dürfen. Wir willigten ein. Sie besichtigte am nächsten Tag unsere Wohnung und ging anschließend zur Entbindung ins Krankenhaus. Der Kaiserschnitt geschah unter Vollnarkose. Wie abgesprochen, wurde ihr das Baby nicht gezeigt, sondern sofort auf die Entbindungsstation gebracht. Es war eine Woche vor Weihnachten.

Am Tag nach der Geburt gehen wir mit klopfendem Herzen ins Krankenhaus, um das Kind kennenzulernen.

„Rechnen Sie damit, dass es scheitert!" Mit diesen Worten kommt uns der Sozialarbeiter aufgeregt im Gang entgegen. „Julia hat sich das Kind bringen lassen und hält es seitdem im Arm. Noch will sie es abgeben, aber … Kommen Sie mit!"

---

[1] Namen teilweise zum Schutz der Personen geändert

Es gibt Momente, da steht die Erde still.

An Hanspeters Hand betrete ich leise das Klinikzimmer. Nur im Schein einer Leselampe sitzt sie im Bett und blickt auf das Bündel in ihrem Arm. Es ist ein Bild wie gemalt: Maria mit dem Kind an der Krippe im Stall von Bethlehem.

Was will ich hier?, denke ich. *Einer Frau ihr Kind wegnehmen?* Es ist unerträglich. Wir stören hier. Am liebsten will ich flüchten.

Sie blickt auf.

„Hier – da ist er!", sagt sie mit heiserer Stimme und gibt ihn mir.

Ich denke, ich bin im falschen Film.

Die Handbremse meiner Gefühle halte ich fest umklammert, als ich meinen Sohn zum ersten Mal auf den Arm nehme. „Ist der klein!", ist mein einziger Gedanke. Er wurde vier Wochen vor dem Geburtstermin entbunden, seine Mutter hatte ihre Schwangerschaft bis dahin verheimlicht. Ihre Familie weiß nicht, dass sie im Krankenhaus ist …

Obwohl der Ausgang des Adoptionsverfahrens unklar ist, gehen wir eine Woche vor Weihnachten jeden Tag ins Krankenhaus. Mein Chef hält die Luft an, als ich ihm andeute, dass ich vielleicht nach den Ferien in „Mutterschutz" trete.

Ich erhalte auf der Entbindungsstation einen „Crash-Kurs" in Baby-Pflege: füttern, wickeln, wiegen. Nebenher organisieren wir mithilfe von Freunden Bettchen, Kleider und Fläschchen. Wir leihen alles – noch ist nicht klar, ob wir dieses Kind jemals mit nach Hause nehmen, geschweige denn adoptieren können.

Julia hat das Kind Tag und Nacht auf dem Arm.

Es zerreißt uns fast das Herz, sie zu sehen. Der leibliche Vater lässt sich nicht blicken. Er ist zum Snowboarden gefahren.

„In einem Jahr werdet ihr ein Kind haben …" Nur diese Worte und der Gedanke, dass Gott seine Hand über uns hält, tragen

uns durch diesen Wahnsinn. Wir wissen nicht einmal, wie wir beten sollen. „Herr, mach, dass sie mir ihr Kind gibt?" Völlig unpassend. Also beten wir: „Herr, dein Wille geschehe" und sind zum Loslassen und zum Empfangen bereit ...

Am letzten Schultag vor den Weihnachtsferien sollen wir den Jungen abholen. In der Zwischenzeit durften wir noch einen Vornamen für das Kind als Zweitnamen auswählen. Wir nennen ihn *Levi*, das bedeutet auf Hebräisch *„mein Herz"* sowie *„dem Bunde anhänglich"*. Und tatsächlich wird Levi das Kind unseres Herzens, mit dem uns kein Blut, sondern ein Herzensbund verbindet.

Julia übergibt mir ihren Sohn persönlich. Das Jugendamt will es so: eine bewusste Übergabe von Mutter zu Mutter. Es ist ihr Wille und ihre Entscheidung, ihn abzugeben – auch noch nach sieben Tagen. Das Jugendamt hat ihr mehrere Lösungen angeboten, bei denen sie ihr Kind hätte behalten können. Sie hat abgelehnt.

Ich sehe sie heute noch durch den Gang davongehen, mit ihrer schwarzen Tasche in der Hand. Sie dreht sich nicht mehr um nach mir und ihrem Kind. Später erzählt sie mir, dass es der schlimmste Moment ihres Lebens war.

Und für uns?

Ich lege dieses wunderschöne Baby mit dem dunklen Flaum zu Hause auf mein Bett, knie vor Gott nieder und kann nur noch weinen. Wir sind überwältigt.

Zwei Tage später ist Heiligabend. Unsere Freunde in der Gemeinde können es nicht fassen. Innerhalb einer Woche sind wir Eltern geworden. Kaum einer hat es gewusst.

„Für uns ist ein Kind geboren! Ein Sohn ist uns geschenkt!"
Mit dieser Bibelstelle aus Jesaja 9 beginnt unser Pastor die Ansage über die Weihnachtsüberraschung in unserem Haus.

Jahr für Jahr hatte mich mein Mann vor Weihnachten um einen Wunschzettel gebeten, und jedes Jahr hatte ich als ersten Wunsch darauf geschrieben: *ein Baby ...* Und jedes Jahr hatte er hilflos zu mir gesagt: „Du weißt doch, das kann ich nicht machen."

Übrigens hielt auch die alte Predigerin aus den USA ihr Wort. Nach einem Jahr, im Februar, kam sie wieder in unsere Gemeinde. Und wir hatten ein Kind.

Wie ging die Geschichte mit Levi weiter?

Julia gab ihren Sohn nach vier Monaten offiziell zur Adoption frei. Den ersten Notartermin zur Freigabe ihres Kindes ließ sie verstreichen. Unsere Gefühle fuhren wieder einmal Achterbahn. Doch dann unterschrieben Levis leibliche Eltern die erforderlichen Dokumente. Auch wir hatten unzählige Papiere vorzulegen.

Nach einem Jahr, in dem Levi bei uns offiziell in „Adoptionspflege" lebte, sprach ein Richter des Familiengerichts die Adoption offiziell aus. Damit war unser Bund für alle Zeiten unauflöslich.

Julia besuchte uns anfangs regelmäßig, ab und zu sogar mit dem leiblichen Vater des Kindes. Diese Besuche wühlten uns jedes Mal auf. Es war ein seltsames Gefühl, Levi in den Armen einer Unbekannten zu sehen, die ihm so ähnlich sah. Mein Kind war mir danach fast ein bisschen fremd.

Überhaupt brauchte es einige Zeit, bis wir uns von Julias Schicksal innerlich lösen konnten und Levi einfach nur unser Kind war – von Gott uns in die Arme gelegt. Lange fühlten wir uns ihr verpflichtet, bis eine Freundin zu uns sagte: „Ihr zieht den Kleinen nicht für Julia groß. Es ist euer Kind!"

Da ließ ich diese junge Frau bewusst los – in Gottes Hände.

Ihre Beziehung zu dem jungen Mann zerbrach. Er ging ins Ausland. Aber für Julia erfüllte sich eines Tages, was ich ihr gewünscht hatte: Sie heiratete einen sympathischen Mann und gründete mit ihm eine Familie.

Für uns ist sie eine Heldin, weil sie Levi das Leben geschenkt hat und sich damals gegen eine Abtreibung entschieden hat. In den ersten Jahren besuchte sie uns einmal im Jahr. Angeleitet vom Jugendamt, hatten wir Levi von Anfang an die Geschichte seiner Herkunft erzählt. Von klein auf las ich ihm ein Bilderbuch über Mose in der Bibel vor, wie er als Baby von der Prinzessin aus dem Wasser gezogen wird und sie seine Mutter wird.

Als Levi etwa drei oder vier Jahre alt war, spürten wir, dass wir ihm sagen mussten, wer diese nette „Julia" wirklich war, die ab und zu mit einem Geschenk in der Hand bei uns vor der Haustür stand. Vor dem nächsten Besuch klärten wir ihn auf. Drei Tage davor wollte der Kleine sie plötzlich nicht mehr sehen. Was sollten wir tun? Ihr absagen, weil ihr Kind sie nicht sehen wollte?

Ratlos rief ich die Sachbearbeiterin von der Adoptionsbehörde im Landratsamt an. „Ich würde den Termin nicht absagen, sondern dabeibleiben. Damit zeigen Sie ihm, dass Julia zu Ihrem Leben dazugehört." Die Sachbearbeiterin war eine weise Ratgeberin. „Aber stellen Sie ihm frei, ob er an dem Besuch teilnimmt. Er kann ja in den Kindergarten."

Levi beschloss, während des Besuchs in seinem Zimmer im ersten Stock zu bleiben. Es klingelte und ich informierte Julia leise an der Tür über die Lage. Verunsichert trat sie ein. Levi lag mit dem Kopf auf der obersten Stufe und lugte mit seinen braunen runden Augen durch den Spalt zwischen den Holztreppen hindurch. Sie blickte nach oben, und es entfuhr ihr ein gerührter Seufzer. In dem Moment war das Eis gebrochen. Levi stand auf und kam nach unten. Er hatte sich entschieden: Er wollte sie kennen.

Je älter er wurde, desto seltener kam Julia. Schließlich hörten ihre Besuche auf. Dennoch rief sie mich jedes Jahr an seinem Geburtstag kurz vor Weihnachten an und fragte, wie es ihm gehe.

„Ich denke jeden Tag an ihn", versicherte sie mir stets. Ich bekam dabei immer eine Gänsehaut. Es erinnerte mich an den Vers aus Jesaja Kapitel 49, Vers 15.

„Kann eine Mutter ihren Säugling vergessen? … Und selbst wenn sie es vergessen würde – ich vergesse dich niemals!"

Besonders freute ich mich, wenn sie zu mir sagte: „Bin ich froh, dass ich so gute Eltern für mein Kind gefunden habe!" Es ist ein großes Geschenk für mich, wie Julia diese Wertschätzung ausgedrückt hat.

Julia lebte lange mit der Angst vor den Vorwürfen ihres Kindes.

„Was wird er auch zu mir sagen?", meinte sie oft, wenn wir einmal im Jahr telefonierten. Ich sprach mit Levi darüber, als er älter war.

„Ich bin ihr nicht böse!", antwortete mein Sohn aus tiefstem Herzen. „Alles ist doch gut geworden."

Jahr für Jahr richtete ich ihr diesen Satz aus. Doch sie konnte es nicht glauben und lehnte jede Einladung ab. Als mir die junge Frau schließlich erzählte, sie hätte einen Bandscheibenvorfall gehabt, bestärkte es mein Gefühl, dass sie eine Last mit sich schleppte, die einfach zu schwer war. Umso wichtiger erschien es mir, dass sie Levis Sicht auf das Vergangene erfuhr.

Als sie sich anlässlich seines 18. Geburtstags bei mir meldete, ermutigte ich sie, persönlich mit ihm zu reden. Ich gab ihr Levis Handynummer. Seitdem schreiben sich die beiden ab und zu eine Kurznachricht – ohne dass ich dazwischen bin. Ehrlich gesagt, ich schluckte anfangs, als ich das hörte. Dann aber merkte ich, dass es gut so war.

„Julia mag auch die Automarke *Audi*", erwähnte mein Sohn einmal nebenbei. Ich lächelte. Das klang nach Frieden.

Und nach einer fast normalen Beziehung.

4
Mama, ich will ein Kind zum Spielen haben!

„Schau dich nach allen Seiten um! ... Mach dich auf den Weg
und durchziehe das Land nach allen Richtungen!"
1. Mose 13,14 +17

Mein Kind hängt wieder mal am Zaun. Es drückt sein kleines
Gesicht ins Drahtgeflecht, während sich die kleinen Hände da-
rin festkrallen. Neben ihm steht sein kleines Planschbecken.
Frisch gefüllt. Die Boote sind zu Wasser gelassen und schaukeln.
Drei Mann Besatzung treiben noch verloren auf dem Wasser.
Die Sonne scheint. Der Schirm steht im richtigen Winkel. Es
kann losgehen.

„Ahoi", rufe ich, nehme die Plastikfigur in die Hand, biege
ihren Arm hoch und lasse sie winken. Nur kurz dreht Levi den
Kopf zu mir. Dann hält der kleine Kapitän in Badehosen wieder
Ausschau nach fernen Ufern.

Die Büsche auf der Grenze der kleinen Grundstücke sind
frisch gesetzt und erlauben in der Reihenhaussiedlung den Blick
in das Leben der anderen. Zwei Gärten weiter sind drei Kinder
ebenfalls auf hoher See. In ihrem großen Planschbecken herrscht
Wellengang. Sie lachen und johlen, spritzen und quieken. Der
Strahl einer Wasserpistole erreicht den Kleinen am Zaun. Levi
dreht sich wieder zu mir und blickt mich mit seinen großen
braunen Augen an. Der Dreijährige seufzt. „Mama, ich will ein
Kind zum Spielen haben!"

Ich weiß. Ich kenne diesen Satz nur zu gut. Wenn er ihn sagt, spüre ich stets den Schmerz seiner Einsamkeit und meiner Ohnmacht. Wie gerne würden wir ihm und uns diesen Wunsch erfüllen! Doch es steht nicht in unserer Hand … Wunder lassen sich nicht klonen. Und unsere Gebete um ein weiteres Kind sind bislang unerhört geblieben.

An diesem heißen Nachmittag müssen wir es aushalten, allein in unseren wenigen Quadratmetern Garten zu sitzen. Die Organisation eines Spielkameraden – sonst von mir sorgfältig geplant – hat in dieser Stunde, aus welchen Gründen auch immer, nicht geklappt. Ein Blick in den Nachbargarten zeigt mir, dass die „Über-den-Zaun"-Lösung heute nicht funktionieren wird. Oft ist es für mein Einzelkind die Rettung in der Not. Doch an diesem Tag leiden die Nachbarn mit dem reichen Kindersegen unter „Personalmangel". Der Vater ist allein und hetzt mit Handtüchern und Sonnencreme aus dem Wohnzimmer des Reihenhauses. Er setzt seinen Zwillingen die Sonnenmützen auf und schmiert die Älteste nach. Ich wage nicht, ihn zu fragen, ob er auch mein Kind noch an Bord nimmt, und starte einen neuen Versuch, meinen Sohn in unser eigenes Boot zu bewegen …

Mit Levis Ankunft waren wir endlich zu einer kleinen Familie geworden. Wir genossen die Idylle von Vater, Mutter, Kind – besonders als klar war, dass dieser kleine Schatz wirklich für immer bei uns bleiben durfte. Doch je älter er wurde, desto unnachgiebiger klopfte der alte Traum wieder an die Türe. Hatten wir uns nicht mehrere Kinder gewünscht? Wie sollte die „Familienplanung" weitergehen?

Levi kam in den Kindergarten. Wir mussten wählen: Sollte ich stundenweise zurück in den Beruf oder sollten wir weiter auf ein zweites Kind hoffen? Nichts geschah – kein Zeichen vom Himmel, kein Wunder, keine Schwangerschaft. Wir verspürten beide nur den großen Wunsch nach einem zweiten Kind. Aber wie sollte er sich erfüllen? Elf Jahre waren wir inzwischen verheiratet …

Warten kann unerträglich werden. Darum entschieden wir, wieder aktiv zu werden. „Ein Schiff im Hafen lässt sich nicht steuern. Nur auf dem Meer findet es seine Richtung." Irgendwo hatte ich diesen Satz gehört. Im Vertrauen, dass Gottes Wind uns leiten würde, setzten wir die Segel. Als Erstes informierten wir uns über die Möglichkeiten, die wir hatten. Zwei Wege erschienen uns begehbar: die Kinderwunschsprechstunde der Uniklinik und eine zweite Adoption. Einen Erfolg garantierte keine der beiden Möglichkeiten – beide waren ein Wagnis.

Der Ruheraum der Uniklinik gleicht einer Raumstation: rund und steril. Nur ein paar elegant gebogene Liegen aus hellem Leder reihen sich im Kreis aneinander. Benommen steige ich nach der leichten Narkose die Stufen hoch. Hanspeter erwartet mich und drückt mir die Hand. Ich nehme schweigend einen der Plätze ein. Es ist still. Keine der Frauen hier ist in Plauderstimmung. Jede hofft leise. Und jede kann rechnen.

„20% Erfolgsquote", lautet das nüchterne Versprechen der Mediziner bei einer Befruchtung außerhalb des Mutterleibes. Das bedeutet 80% … na ja.

Ich wehre mich dagegen, solch einer Hoffnung ausgeliefert zu sein. Mehr als die Behandlung fürchte ich die Wucht meiner enttäuschten Gefühle. Ich will mich nicht an Strohhalme klammern. Ich will ein Kind!

Die Lederliege ist bequem. Ich lehne mich zurück. Mir ist flau im Magen. Mehrere reife Eizellen haben die Kinderwunschspezialisten der Uniklinik meinen Eierstöcken entnommen. Medikamente und Hormone haben meinen Körper in den Wochen zuvor stimuliert, mehr als eine Eizelle heranreifen zu lassen.

„Jetzt weiß ich, wie es sich anfühlt, eine Zuchtkuh zu sein", sage ich zu meinem Mann im Spaß. Ich erlaube mir kein Selbstmitleid – wir haben es so gewollt.

Bevor wir eine zweite Adoption wagen würden, wollten wir auf medizinischem Wege versuchen, schwanger zu werden. Wir wollten uns später nicht den Vorwurf machen, „es" nicht probiert zu haben. Wieder hatten wir uns dazu in die Mühle der Untersuchungen begeben.

Auch Hanspeter hatte inzwischen mehrmals seinen Anteil an der Behandlung durchgestanden, um die unverzichtbaren Gegenstücke zu liefern. Er habe es „nicht prickelnd" gefunden – mehr hatte er zu der einsamen Prozedur in steriler Umgebung nicht zu sagen gehabt. Befruchtung auf natürlichem Weg macht eindeutig mehr Spaß.

Meine Eileiter wurden durchgespült, um Verklebungen zu lösen. Wieder gab es kein Ergebnis in Hinblick auf die Ursache unserer Unfruchtbarkeit. Die Krankenkassen stritten sich, welche die Kosten zu tragen hatte. Jede Krankenkasse versuchte, die „Schuld" dem anderen Partner zuzuschieben. Ein peinlicher Schriftverkehr ... Doch es blieb unklar.

„Wir wissen über all die Vorgänge im Körper noch viel zu wenig", meinte eine Ärztin in der Uniklinik zu mir. Die Demut dieser Kinderwunschspezialistin überraschte mich. Schwangerschaft und Geburt sind einfach ein Wunder Gottes!

Als wir den Schritt in Richtung der Fortpflanzungsmedizin wagten, waren wir schnell mit den ethischen Fragen nach dem Beginn des Lebens konfrontiert. Nicht alles, was heute machbar ist, erscheint Christen verantwortbar. Was darf man? Was nicht? Soll man aufgeben, bevor man überhaupt angefangen hat? Schnell drohte sich bei mir wieder frommer Frust einzunisten.

Erst gibt mir Gott kein Kind, und dann darf ich als Christ nicht die medizinischen Möglichkeiten ausschöpfen?

Missmutig setzte ich mich mit den verschiedenen Positionen auseinander, die uns in Büchern und Zeitschriften begegneten. Mein Mann nahm es gelassener.

Bald merkten wir: In dieser Frage muss jedes kinderlose Paar seinen eigenen Weg zum inneren Frieden finden. Uns half die Bemerkung eines befreundeten Arztes, der überzeugter Christ ist, über unsere Bedenken hinweg: „In der Natur erlaubt Gott auch, dass sich befruchtete Eier nicht einnisten."

Wir ließen das Grübeln und wagten es im Vertrauen darauf, dass unser Schöpfer auch bei dieser „Grenzwanderung" an unserer Seite wäre. Im Stillen hoffte ich, dass wir allen künstlich befruchteten Eizellen, die sich weiterentwickeln würden, eine Chance geben könnten. Wären alle geboren worden, würde uns heute ein Kleinbus nicht ausreichen …

Im ersten Durchgang setzten mir die Ärzte drei befruchtete Eizellen ein, in der Hoffnung, dass sie „andockten".

„Jetzt bist du ja quasi schwanger", meinte eine Freundin kurz nach der Behandlung, um mir Mut zu machen. Sie hatte Levi gehütet und umsorgte mich den Rest des Nachmittags liebevoll. Die folgenden zwei Wochen verstrichen qualvoll langsam, bis ich Gewissheit hatte, dass ich es nicht war.

Die restlichen befruchteten Eizellen in der Uniklinik wanderten in einen speziellen Kühlschrank – *„Kryokonservierung"* heißt die Aufbewahrung von überzähligen *„Embryonen im frühen Vorkernstadium"* in flüssigem Stickstoff bei Medizinern. Es war trotz allem ein seltsamer Gedanke für mich – unser Nachwuchs im Tiefkühlfach …

Nach dem Auftauen entwickelten sich für einen zweiten Versuch nur drei weiter. Doch die Chance auf Drillinge nutzte mein Körper auch dieses Mal nicht. Danach war unser Vorrat aufgebraucht – und meine Bereitschaft ebenfalls, das alles über mich ergehen zu lassen.

„Ich glaube nicht, dass ich so schwanger werde", sagte ich schon während der Behandlung zu meinem Mann. Staunend hörte und las ich von Frauen, die auf diese Weise sogar mehrfach schwanger geworden waren! Aber ich wollte keinen weiteren Versuch mehr unternehmen, für den die Ärzte bei mir wieder erneut Eizellen hätten gewinnen müssen.

Hanspeter war einverstanden. Ich war dankbar für die Art, wie er mir geduldig zur Seite stand, ohne mir das Gefühl zu geben, dies alles allein nur mir zuliebe auf sich zu nehmen. „Es ist doch unsere gemeinsame Vision", bestärkte er mich stets, auch wenn er nicht immer viele Worte machte. Seine ruhige und besonnene Art bewahrte mich davor, im emotionalen Auf und Ab durchzudrehen. Ich wusste mich von ihm geliebt – egal, ob wir ein Kind haben würden oder nicht. Es war vielleicht das Kostbarste, das wir in dieser Zeit entdeckten: Unsere Liebe war nicht von einem Kind abhängig.

Im Alten Testament entdeckte ich einen Mann, der in einer ähnlichen Lage war.

„Warum weinst du? Bin ich dir denn nicht viel mehr wert als zehn Söhne?", fragte Elkana seine unfruchtbare Ehefrau Hanna, die wieder einmal völlig verzweifelt war. Erstaunlich, so ein „modernes" Verständnis von Ehe in einem so alten Buch zu finden – und das bei einem Mann, der zwei Frauen hatte. Es gelang ihm, seine kinderlose Frau zu trösten! Sie aß und trank wieder und fasste den Mut, Gott im Tempel um ein Kind anzuflehen. Die beiden wurden ein Jahr später die Eltern des berühmten Propheten Samuel (1. Samuel 1,8).

Nach zwei Versuchen in der Uniklinik hakten wir den medizinischen Weg als erledigt ab. Wir hatten Gott die Chance gegeben, uns auf diese Weise ein Kind zu geben. Eine weitere Chance wollte ich ihm nicht mehr geben. Sollte sich mein Schöpfer doch bitte schön einen anderen Weg für ein Wunder suchen!

Ich hatte keine Lust mehr. Und ich hatte Frieden darüber, dass Gott mir am Ende meiner Tage im Himmel keine Vorwürfe machen würde, dass wir es nicht ein drittes Mal versucht hatten, oder ein viertes, oder …

Parallel zu unserer Kinderwunschbehandlung hatte ich im Internet recherchiert, um mich abzulenken. Ich wollte der medizinischen Erfolgsquote nicht ausgeliefert sein. Darum informierten wir uns über Möglichkeiten, ein Kind im Ausland zu adoptieren, da es in Deutschland keine planbaren Wege gab. Beim Blick in die Welt entdeckten wir, dass es Millionen kleiner Menschen gab, die ein noch größeres Problem hatten als wir.

Es gibt etwas Schlimmeres, als keine Kinder zu haben: keine Eltern zu haben.

5
Ein Kind in Schwarz-Grau

„Geh fort aus deinem Land,
… und zieh in das Land,
das ich dir zeigen werde!"
1. Mose 12,1

Zitternd halte ich das dünne Papier aus dem Fax in den Händen. Mein Herz schlägt bis zum Hals. Monatelang hatten wir darauf gehofft. Ein Kind! Man hat uns ein Kind vorgeschlagen! Ein Kind, das Eltern sucht.

Ich erkenne auf dem Briefkopf das Wappen der Republik Belarus. Darunter verbirgt eine Bleiwüste in kyrillischer Schrift die Antworten auf alle Fragen, die in uns pulsieren.

Ist es ein Mädchen? Oder ein Junge?
Wie heißt es? Wo wohnt es?
Warum ist es elternlos?

Ich finde nicht einmal den Namen … trotz des Anfängerkurses in Russisch bei der Volkshochschule. Nur eines kann ich lesen: das Geburtsdatum. Es ist zweieinhalb Jahre alt. Das Kind ist auf den Tag genau zwei Jahre und einen Monat später als Levi geboren. Es würde immer exakt vier Wochen nach ihm Geburtstag feiern. Ob ein Junge oder ein Mädchen – in mir prickelt die Ahnung, es könnte zu unserer Familie gehören. Für immer.

Hastig blättere ich durch die Seiten des Kindesvorschlags. Gibt es denn kein Foto? Doch. Es ist schwarz in Schwarz durch das Fax getickert. Man erkennt schemenhaft die Umrisse eines Kinderkopfes vor grau-weißem Hintergrund. Unser Kind. Das

Bild ist so aussagekräftig wie das Bauchfoto eines Ungeborenen im Ultraschall.

Um dem Rätsel auf die Spur zu kommen, entschlüsselt Hanspeter stundenlang mithilfe eines Online-Wörterbuches so viele Wörter wie möglich. Aber die Sätze machen nur wenig Sinn – wir müssen uns wieder gedulden.

Wir haben bereits einen langen Weg hinter uns, bis wir endlich das Schreiben mit dem Vorschlag für ein Kind von der offiziellen Adoptionsbehörde in Weißrussland in Händen halten.

Bereits zum Ende unserer Kinderwunschbehandlung begannen wir uns zu fragen, in welchem Land wir nach einem Kind Ausschau halten sollten. Wir durchforsteten Internetseiten, lasen Bücher und besuchten die wenigen Familien in unserer Gegend, die im Ausland adoptiert hatten. Da war Hanspeters Chef, der gleich vier Kinder aus Brasilien mitgebracht hatte, und sein Kollege mit den zwei süßen Mädchen aus Indien … Alle diese Familien haben uns Mut gemacht, einen Weg zu suchen. Im Gegensatz zu manchen anderen, die meist keine Kinder adoptiert hatten, dafür aber Geschichten wussten von diesen oder jenen missratenen Adoptivkindern, bei denen alles nur schiefgegangen war.

Der Gegenwind ist heftig, wenn man adoptieren will. Auch wir kämpften uns durch Ängste und Unsicherheiten. Wir waren jedem dankbar, der uns in Wort und Tat ermutigte. Ich weiß noch, wie ich meiner Mutter zögernd von den Kosten für Reise, Papiere und Übersetzungen erzählte.

„Ach, das ist ja günstiger als ein Kleinwagen", meinte sie spontan mit schwäbischem Pragmatismus. „Und wir geben euch alle etwas dazu!"

Wohl dem, der solche Verwandte oder Freunde hat! Ich weiß nicht, ob unsere Familie damals ahnte, welche Aufgabe auch auf sie zukommen würde …

Jedes neue Land, über das wir uns informierten, enthielt besondere Herausforderungen. Es gibt Auflagen in Blick auf das Alter der Bewerber sowie unterschiedliche Abläufe und Wartezeiten. Die Zeiten sind vielerorts vorbei, in denen Eltern einen unbekannten Sprössling auf dem Flugplatz in die Hände gedrückt bekommen. Auf dem Jugendamt legte man uns aufs Herz, die Kultur kennenzulernen, aus der unser Kind stammen würde. In der Regel müssen Adoptionsbewerber zwei Mal zum Kind reisen – erst zum Kennenlernen, dann zur Adoption.

In den Jahren zuvor hatten schon unsere Urlaube in Südeuropa genügt, um die sensible Verdauung meines Mannes auf den Kopf zu stellen. Wir grübelten über der Frage, wie wir in exotischen Ländern mehrere Wochen sicher reisen, essen, wohnen und uns verständigen könnten. Wir studierten im Internet die Angebote von Adoptionsagenturen, die auf Wunsch die Organisation der Reise und den Papierkrieg übernehmen.

Nicht überall, wo es Waisen gibt, ist für Deutsche eine Adoption möglich – es muss ein Abkommen zwischen den Ländern bestehen. Unsere erste Wahl wäre Albanien gewesen, wo ich einst den Kleinen für die norwegische Familie in der Klinik entgegennahm. Aber diese Türe war Deutschen verschlossen. Manche Länder erlauben Adoptionen auch nur für eine gewisse Zeit und verschließen sich danach wieder. Diese Erfahrung machten wir später mit unserem Adoptionsland. Unser Kind war eines der letzten, das ins Ausland vermittelt wurde. Seitdem durfte keines mehr hinaus, obwohl die Heime voller Waisen sind.

In anderen Ländern ist die politische Lage so instabil, dass Bewerbungsdokumente versickern oder die Gefahr droht, dass ein Adoptionsverfahren plötzlich auf Eis liegt. Noch schlimmer ist, wenn Eltern mit dem angenommenen Kind nicht das Land verlassen können. Schauergeschichten gibt es genug. Auch in den Strudel von Korruption oder gar Kinderhandel wollten wir auf keinen Fall geraten.

Nachdem klar war, dass Albanien uns nicht offenstand, hatten Hanspeter und ich sehr unterschiedliche Ansichten darüber, in welchem Kulturkreis wir überhaupt suchen sollten.

„Stellen Sie sich Ihr Kind auch als Erwachsenen vor – nicht nur als süßes kleines Baby", riet uns die Sachbearbeiterin von der Adoptionsbehörde im Landratsamt, die uns durch den Prozess begleitete. Mein Mann wünschte sich ein Kind, das vom Aussehen her zu uns und Levi passen würde. In dieser Hinsicht kam nur Osteuropa infrage. Schweren Herzens musste ich alle meine exotischen Träume loslassen.

„Weißt du, das soll ja nicht mein Au-Pair-Mädchen werden", erklärte Hanspeter mir, „sondern meine Tochter!" Mit diesem Argument überzeugte er mich. Es war grundlegend, den Vater meiner Kinder zu hundert Prozent im Boot zu haben. Auf keinen Fall wollte ich ihn zu irgendetwas überreden. Denn der Weg nach einer Adoption könnte anstrengend bleiben, das ahnte ich schon.

Die wichtigste Frage blieb jedoch für uns: War es Gottes Wille für uns, dass wir noch ein Kind adoptierten? Levis Ankunft war ohne unser Zutun von Gott eingefädelt gewesen. Daran hatten wir keinen Zweifel. Aber diese zweite Adoption? War das vielleicht nur unsere eigene Idee? Oder hatten wir Gott an unserer Seite? Ohne ihn hätten wir nicht den Mut gehabt, das Wagnis einzugehen. Darum lagen wir ihm immer wieder in den Ohren.

Auf der Suche nach einer Antwort durchforsteten wir die Bibel nach Aussagen zum Thema Adoption. Dabei stießen wir auf erstaunliche Textstellen.

„Wer dieses Kind um meinetwillen aufnimmt, der nimmt mich auf!", sagt Jesus höchstpersönlich (Lukas 9,48).

Wir entdeckten, dass Gottes Vaterherz für die Waisen dieser Welt schlägt. Bei *„Gott, dem Vater"* steht es hoch im Kurs, wenn *„man Waisen … in ihrer Not beisteht"*, heißt es im ersten Kapitel des Jakobusbriefes. Unser Schöpfer bezeichnet sich in Psalm 68 sogar selbst als einen *„Vater für die Waisen"*.

In jeder Adoption spiegelt sich, wie Gott mit uns Menschen umgeht.

Der Heilige Geist wird als ein *„Geist der Adoption"* bezeichnet, der uns zu *„Söhnen und Töchtern gemacht hat"* (Römer 8,15). Wenn wir beten, rufen wir durch ihn *„Papa, lieber Vater"*. Wir sind ebenfalls Gottes adoptierte Kinder!

Überrascht stellten wir fest, dass auch Jesus zu Beginn des Matthäusevangeliums in einem Stammbaum auftaucht, in den er hineinadoptiert wurde. Mit Josef war er doch gar nicht verwandt! Aber er war Josef von Gott anvertraut worden – als Adoptivsohn. Und Jesus galt damit als Josefs rechtlicher Nachkomme – so wie wir nach dem Recht des Himmels zu Gottes Familie gehören, wenn wir uns Jesus anvertrauen. Hier klingt die Bibel richtig juristisch: All denen, die an Jesus glauben, gibt er *„das Recht, Kinder Gottes zu werden"* (Johannes 1,12).

Ein adoptiertes Kind kann den Eltern nie mehr weggenommen werden. Mehr noch – sie dürfen es nicht mehr zur Adoption freigeben. Was für ein Bild dafür, wie untrennbar wir zu unserem himmlischen Vater gehören! Er kann und will uns nie mehr loswerden!

Ermutigt von diesen Bibelversen bewegten wir uns weiter in Richtung Adoption. Trotzdem hatten wir monatelang keine Klarheit, welchen Weg wir praktisch beschreiten sollten.

Im Sumpf unserer Ängste und Unklarheiten fiel mir eines Tages die christliche Frauenzeitschrift LYDIA in die Hände. Darin berichtete eine Familie über ihren Hilfsdienst für Kinderheime in Weißrussland. Der von ihnen gegründete Verein „Leonore" organisierte zu jener Zeit Erholungsurlaube für Waisenkinder. Ein paar Kinder fanden dabei sogar Eltern in Deutschland. In der Randspalte wurde erwähnt, dass dieses Ehepaar Hilfe bei der Adoption in Weißrussland anbieten würde. Sie selbst hatten dort einen Jungen und ein Mädchen angenommen.

„Die Kinder in den Heimen warten nicht auf Kleidung und

Spielsachen", sagte mir Linda Ewert bei unserem ersten Telefonat. „Wenn ich dort hinkomme, fragen mich die Kleinen oft: ‚Hast du nicht eine Mama für mich?'"

Wir waren wie elektrisiert! *Sollte dies der Weg zu unserem zweiten Kind sein?*

Vor allem Hanspeter hatte über Wochen hartnäckig den Wunschtraum gehegt, dass wir bei einer Adoption in Osteuropa Menschen an unserer Seite haben würden, die unseren christlichen Glauben teilten. Ich selbst hätte mich auch mit einer Adoptionsagentur zufriedengegeben, aber mein Mann hatte seine eigenen Ideen, wie Gott uns führen sollte. Seine Geduld wurde belohnt.

Der Kontakt zu Ewerts erwies sich als die Tür, die Gott uns öffnete. Weißrussland – das passte für uns. Einige Jahre zuvor hatte ich nicht nur an einem Hilfseinsatz in Albanien teilgenommen, sondern auch einen Sommer in „Belarus" verbracht – so heißt die Republik zwischen Polen und Russland offiziell. Dort hatte eine Mission mithilfe von jungen Christen eine ehemalige Kaserne in ein Freizeitheim für Kinder umgebaut. In den alten Garagen rosteten noch die Raketenbomben vor sich hin.

Nach einem Gottesdienstbesuch in der Stadt Kobrin stand plötzlich ein alter Mann vor mir. „Ich war in deutscher Kriegsgefangenschaft", ließ er mir übersetzen. Ich schluckte, obwohl er mit freundlicher Miene ausprobierte, ob ich seine wenigen Brocken Deutsch verstand. Bis heute bereue ich, dass ich ihn nicht um Vergebung bat für das, was meine Vorfahren ihm und seinem Volk angetan hatten. Der Zweite Weltkrieg hatte in Weißrussland eine Schneise der Verwüstung hinterlassen, die jedem vierten Einwohner das Leben gekostet hatte. Fast die gesamte jüdische Bevölkerung, die einst das Gesicht vieler Städte in diesem Land geprägt hatte, wurde damals von den deutschen Besatzern ausgelöscht.

Als ich dem Alten damals gegenüberstand, ahnte ich nicht, dass mein Mann und ich einmal vor einem weißrussischen Gericht stehen würden.

„Wir können das Geschehene nicht wiedergutmachen", so begründeten wir dort unsere Entscheidung für ein weißrussisches Kind. „Aber wir möchten wenigstens einem Kind aus diesem Land etwas Gutes tun."

Mithilfe von Linda Ewert vom Verein „Leonore" und dem für uns zuständigen Landesjugendamt in Karlsruhe bewarben wir uns direkt beim staatlichen Adoptionszentrum in der Hauptstadt Minsk. Wir hatten eine lange Liste abzuarbeiten, um all die Dokumente zu sammeln, die erforderlich waren. Unzählige Ämter klapperte ich mit Levi im Schlepptau ab.

Alles musste übersetzt werden, beglaubigt und überbeglaubigt.

Das heißt, Stempel über Stempel ... und einen langen Atem. Allein auf den Termin mit der Sachbearbeiterin im Landesjugendamt warteten wir wochenlang. Auch sie überprüfte noch einmal unsere Lebenssituation, bevor sie einen Bericht über uns nach Weißrussland schickte. Wieder einmal legten wir polizeiliche Führungszeugnisse vor, kopierten Kontoauszüge, ließen uns auf Aids testen und Gesundheitsatteste erstellen ... und alles ging wieder in die Übersetzung.

Wir meldeten uns zu einem Russischkurs an, damit wir uns mit unserem Kind am Anfang wenigstens etwas verständigen könnten. Wir lernten einfachste Sätze.

„Ich bin Mama. Das ist Papa."

„Das ist Levi, dein Bruder."

„Hast du Durst?"

„Musst du Pipi?"

Wir erwarteten nicht, dass man uns in Weißrussland ein Neugeborenes in die Arme legen würde. In der Bewerbung beim Adoptionszentrum mussten wir angeben, was wir wollten.

Ein Mädchen bis 4 Jahre oder einen Jungen bis 3 Jahre", schrieben wir auf den Wunschzettel.

„Wahrscheinlich wird es ein Junge", meinte Linda. „Im Osten

sind die meisten ungewollten Kinder in den Heimen Jungen. Mädchen werden noch am ehesten von der Oma als Haushaltshilfe großgezogen." Ein paar Monate später sahen wir ihre traurigen Worte bestätigt.

Natürlich faxten wir Linda sofort den geheimnisvollen Kindesvorschlag in Kyrillisch, der uns von Minsk über das Landesjugendamt erreichte. Sie enträtselte das Schriftstück.

„Es ist ein Junge! Er heißt *Jevgenij* – auf Deutsch ‚Eugen'!", übersetzte sie mir aufgeregt am Telefon. „Er lebt seit anderthalb Jahren in einem Kinderheim in Minsk. Mit zehn Monaten wurde er dort abgegeben." Auch die traurigen Gründe dafür standen in dem Schreiben der Adoptionszentrale. Außerdem enthielt der Kindesvorschlag eine Seite über den Gesundheitszustand des Kleinen. Die nebulösen Angaben erzeugten gemischte Gefühle in uns. Worauf ließen wir uns da bloß ein?

„Das muss nicht unbedingt stimmen", klärte uns Linda auf. „Das Kind wird oft kränker beschrieben, als es ist, um die Freigabe zur Adoption ins Ausland zu rechtfertigen." Auch hierin sollte sie recht behalten.

Mit dem Kindesvorschlag bot uns das weißrussische Adoptionszentrum an, *„das Kind persönlich kennenzulernen, um entsprechend eine Entscheidung treffen zu können."*

Einen Monat später besteigen Hanspeter und ich in Frankfurt ein Flugzeug nach Minsk. Levi haben wir den Großeltern anvertraut. Wir haben nicht nur Hoffnung im Gepäck, sondern auch Ängste. *Was, wenn es mir nicht gefällt? Was, wenn es behindert ist? Was, wenn es uns ablehnt? Was, wenn …?*

Trotzdem erscheint es uns nach all den Mühen unfassbar! Irgendwo im Osten wartet ein Kind auf uns. Ein Kind, das keine Eltern hat. Und wir fliegen ihm mit der aufgehenden Sonne entgegen.

6

Eine Brücke aus Seifenblasen

„Das Los ist mir gefallen auf liebliches Land;
ja, mein Erbteil gefällt mir."
Psalm 16,6; LUT

Das Kinderheim in Minsk ist von einer hohen Backsteinmauer umgeben. Nur das hohe Eisentor mit den geschmiedeten Spitzen gewährt einen Blick auf die kahlen Flachdachbauten. Sie liegen am Rande eines Wäldchens mit hohen Kiefern inmitten eines kleinen Parks. Niemand ist an diesem warmen Spätnachmittag darin zu sehen. Die typischen graubraunen Hochhäuser der Plattenbausiedlung haben sich auf der anderen Seite fast bis an die Mauer vorgeschoben. Schlank und anonym strecken sie sich neben dem Kinderheim in die Höhe. Einige Riesen entstehen gerade, doch an diesem Tag ist auf den Baustellen bereits Feierabend.

Der Weg, an dem uns der Taxifahrer nach langem Suchen aussteigen lässt, ist von den Spuren der Bagger durchfurcht. Als der Wagen wieder aus der Sackgasse braust, ist es still um uns. Wir atmen tief ein. Einsamkeit und Hilflosigkeit kriechen uns den Rücken hoch. Sollen wir die Klinke des Tors einfach herunterdrücken und hineinmarschieren?

Zum Glück steht Sveta bei uns – eine junge Weißrussin, die als Au-pair-Mädchen Deutsch gelernt hat. Linda Ewert hat die Übersetzerin von Deutschland aus für uns organisiert. Und sie hat uns im Kinderheim angekündigt. „Ja, ihr könnt noch am späten Nachmittag kommen. Man erwartet euch", lässt sie uns über unsere Begleiterin ausrichten. Sveta hat uns am Flughafen abgeholt.

In der Frühe waren wir in Frankfurt ins Flugzeug gestiegen. Dabei hatten während der ganzen Reise nur zwei Fragen in mir pulsiert:

Wie sieht er wohl aus?

Ob wir ihn heute noch sehen können?

Heute noch! Heute … endlich einmal sehen! Mein Denken und Fühlen schnurrt auf diese eine Sehnsucht zusammen. Monatelang hatten wir auf den Kindesvorschlag gewartet, vier Wochen lang auf die schwarzen Umrisse des Fotos auf dem Fax gestarrt.

Hatte er Locken? War er abgehärmt? Blass oder pausbäckig?

Diese Spirale drehte sich endlos in mir. Ich hatte große Angst davor, dass mir das Kind nicht gefallen könnte. Um zur Ruhe zu kommen, setzte ich irgendwann meinen Gefühlen und Ängsten den sechsten Vers aus Psalm 16 entgegen. Laut und leise sagte ich ihn mir auf – immer, wenn die Drähte in mir heiß liefen …

„Das Los ist mir gefallen auf liebliches Land;

ja, mein Erbteil gefällt mir.

Ich lobe den Herrn, der mich beraten hat.“

Es blieb uns nur, Gott zu vertrauen, dass er das richtige Kind für uns ausgewählt hatte. Er wusste doch, was mein Herz ansprechen würde – und mein Auge.

Neben der weißen schlichten Tür hängt ein Schild in russischer Schrift. *„Dom Ribionka Nr. 2“* – „Kinderheim Nr. 2“ steht darauf. Ein Heim für Kinder bis drei Jahren, hatte uns Linda erklärt. Wenn ein Kind älter wird, kommt es in ein anderes.

Wir überlassen es Sveta zu klingeln. Unser Herz ist beschäftigt zu klopfen. Wir werden in das Büro der Heimleiterin geführt. Sie ist Ärztin und trägt einen weißen Kittel. An der Wand sind Stühle aufgereiht, wir setzen uns brav. Die ältere Frau thront mit ernster Miene hinter ihrem Schreibtisch. Plötzlich prasselt ein

Schwall russischer Worte auf uns hernieder, dessen Inhalt man auch ohne Sprachkenntnisse erahnt. In der Folge löst sich unsere Übersetzerin in Tränen auf. Hanspeter und ich sehen uns an. Stimmt irgendetwas nicht? Unser *„Russisch für Anfänger"* stößt an Grenzen. Auf jeden Fall sinkt unsere Zuversicht, an diesem Tag unser Kind kennenzulernen.

Oder sind wir im falschen Heim? Fehlen Papiere?

Ich erinnere mich an Lindas Anweisung, zu jedem offiziellen Gang ein kleines Geschenk mitzunehmen. Das gelte als Höflichkeit. Meine Hand tastet im Rucksack vor meinen Füßen nach der Plastikfolie, die ein Päckchen Kaffee umgibt. Knisternd ziehe ich es heraus. Ob das jetzt passend ist? Unsicher schiele ich zu Sveta und stelle es auf den Tisch.

Plötzlich löst sich das Geknäuel russischen Unmuts in Luft auf. Freundlich gibt uns die Ärztin ein Zeichen, ihr zu folgen. Später klärt uns Linda am Telefon auf. „Auf diese Weise wird immer erst klargestellt, wer das Sagen hat."

Wir haben unsere Ärztin danach nie mehr so unfreundlich erlebt.

Sie führt uns durch Gänge und über eine Treppe in das erste Stockwerk.

„Achtung, er fremdelt!", lässt sie uns noch einmal wissen. „Er ist sehr schüchtern und weint, wenn Unbekannte kommen!" Wir nicken wissend. Sie hatte uns dies bereits im Vorfeld per Telefon bis nach Deutschland ausrichten lassen.

„Herzlichen Glückwunsch, vielleicht ist das Kind sogar noch bindungsfähig", hatte eine deutsche Kinderärztin vor der Abreise diese Tatsache kommentiert. Wir hatten in einer Nachbarstadt eine Ärztin gefunden, die Russisch sprach und Erfahrungen mit Heimkindern hatte. Im Vorfeld hatten wir mit ihr den Kindesvorschlag und den Gesundheitsbericht durchgesprochen.

„Wenn das Kind nach drei Tagen keinen Kontakt mit Ihnen aufnimmt, dann lassen Sie es! Dann ist es autistisch ..., und dann wird es schwierig." Diesen Ratschlag hatte sie uns mit auf den Weg gegeben.

Wir waren bereit, uns auf jedes Kind einzulassen. Theoretisch. Dennoch hoffte ich inständig, dass dieses Kind – unser Kind – mein Herz in irgendeiner Weise berühren würde.

Wir stehen mit der Heimleiterin in einem Flur, in dem sich zahlreiche Spinde hinter niederen Bänken aneinanderreihen. Sie tritt zu einer geschlossenen Zimmertür, hinter der leise Kinderstimmen zu hören sind.

„Wenn wir den Jungen herausholen, weint er, darum zeigen wir Ihnen das Kind in der Gruppe", flüstert sie uns zu und drückt die Klinke. So unaufgeregt wie möglich treten wir ein. Wir gehen davon aus, dass diesen Zwei- bis Dreijährigen nicht bekannt ist, weshalb wir da sind.

Es ist eine Szene wie im Kindergarten. An niederen Tischen, in einer U-Form aneinandergestellt, sitzen Jungen und Mädchen und knabbern an Apfelstücken. Meine Augen mustern fieberhaft jedes Kind. Sie sehen völlig normal aus. Nur ein Junge schielt sehr stark. *Ob er es ist? Was wäre dann? Würde ich dieses Kind nehmen?*

„Und, wie finden Sie ihn?", lässt mich die Ärztin fragen.

Sie deutet mein ratloses Kopfschütteln richtig.

„Sie kennen ihn gar nicht?", fragt sie erstaunt.

„Das Foto war schwarz", lasse ich leise übersetzen.

„Hier! Der ist es!" Sie zeigt auf ein Kind.

Welches meint sie nur?

„Der da, am Ende der Reihe", präzisiert sie.

Das Kind am Ende der Reihe ... Sie nennen ihn *Schenja*. Er ist blond und hat so wundervolle große Augen wie Levi – nur blau statt braun. Noch kaut er ahnungslos an seinem Apfelschnitz.

„*Für immer wirst du mit ihm verbunden sein*", geht es mir durch den Kopf. Ich bin überwältigt und eine Träne rinnt mir still die Wange hinunter.

„Nicht weinen!", weist mich die strenge Chefin sofort zurecht. Schnell wische ich die Tränen weg. Die Kinder sind fertig mit Essen und stehen auf. Die Betreuerinnen räumen die Teller zur Seite. Die Heimleiterin tritt vor und sagt etwas zu den Kleinen.

Plötzlich ist es mit der Stille vorbei. Die Kinder beginnen durcheinanderzurufen und zu winken. Überrascht blicken wir auf die eben noch so beschauliche Kindergartengruppe.

„Was rufen sie?"

„Mama, Papa, nehmt mich!", übersetzt uns Sveta.

Wie bitte?

Wir dachten, die Kleinen wissen nicht, wozu wir da sind!

Einzelne Kinder laufen auf uns zu, hängen sich an uns. Und immerzu betteln sie:

„Mama! Papa! Nimm mich!"

„Hier! Mich! Nehmt mich!"

Es zerreißt uns das Herz.

Kinderaugen sehen flehend zu uns auf. Hilflos streicheln wir über die Köpfe und lächeln jedes an, das an uns zupft, sich an uns klammert oder an uns hochklettern will.

Könnten wir sie doch alle nehmen!

Das älteste Mädchen der Gruppe weint bitterlich, als die Erzieherin ihr erklärt, dass wir nicht für sie gekommen sind …

Mein Mann ist so bewegt, dass er die Ärztin später fragt, ob wir sie nicht auch noch adoptieren könnten. Doch sie ist nicht zur Adoption freigegeben. Es geht nicht.

Und was macht der Kleine, wegen dem wir hier sind?

Er steht in der hintersten Ecke des Raumes und brüllt. Alles Zureden einer Erzieherin nützt nichts. Er ist nicht zu bewegen, mit uns zu kommen.

Also Planänderung. Die Gruppe wird gleich in den Garten gehen.

„Warten Sie im Garten", weist uns die Heimleiterin an. „Vielleicht können Sie dort Kontakt zu ihm knüpfen."

Wir wandern wieder zurück über Treppen und Gänge und

stellen uns vor dem Haus auf. Ich lächle meinem Mann zu, greife tief in meinen Rucksack und taste …

„Nimm Seifenblasen mit!", dieser Gedanke war mir vor der Abreise immer wieder durch den Kopf gegangen. Ich hatte Seifenblasen eingepackt im Verdacht, diese seltsame Idee könnte ein Hinweis Gottes sein.

Die Gruppe marschiert kurz darauf mit Sonnenmützen in den Garten. Viele Jungen tragen das gleiche bunte T-Shirt und dieselbe graue Hose.

„Hilfe, ich erkenne mein Kind nicht mehr", murmle ich panisch. Welche der blonden Stupsnasen war es noch einmal? Hanspeter erkennt das Gesicht sofort wieder.

Die Kinder gehen zum Spielplatz mit den Schaukeln – finanziert mit Spendengeldern aus den USA, wie uns die Ärztin später erklärt. Lediglich das Essen und das Gebäude finanziert der Staat. Für den Rest ist das Heim auf Spenden angewiesen. In großen bunten Laufställen unter Sonnendächern krabbeln Babys. Auch die Kleinsten sind mit ihren Erzieherinnen bei dem schönen Wetter im Juli draußen.

Langsam bewegen wir uns in Richtung der Kinder. Erfreut springen sofort einige auf uns zu. Ein Mädchen ist besonders anhänglich. Ihr kleines Köpfchen ist vom Alkoholkonsum seiner Mutter während der Schwangerschaft gezeichnet. Unentwegt versucht sie, an mir hochzuklettern. Irgendwann befreie ich mich von Katja.

Ich packe meine Seifenblasen aus. Im Nu bin ich von neugierigen kleinen Augen umringt. Ich blase in die rote Plastikschlinge. Es ist die Attraktion! Von Kindern und Seifenblasen umringt, schiebe ich mich unauffällig auf den Baumstamm zu, der als Bank dient. Schenja sitzt darauf dicht neben einer Erzieherin. Längst folgen seine Blicke den Seifenblasen. Irgendwann steht er auf und ich halte ihm den roten Plastikstiel mit der Seifenflüssigkeit hin. Er lächelt mir scheu zu und spitzt seine Lippen … Und siehe da: Zwischen ihm und mir steigen die ersten zarten Seifenblasen in den Himmel. Mit ihnen zerplatzt alle Scheu binnen weniger Minuten. Hanspeter und ich hatten uns darauf eingestellt, den Jungen mehrere Tage mühsam für uns erwärmen zu müssen. Doch plötzlich ist Schenja wie ausgewechselt. Er ist stolz, dass wir wegen ihm gekommen sind und verteidigt uns eifersüchtig gegen die Annäherungsversuche der anderen.

„Das ist meine Mama!", lässt er die anderen Kinder wissen und schiebt sie weg. Wir staunen nicht schlecht. Begeistert spielt er mit uns Ball. Auch den neuen *Mjatschik* dürfen die anderen nicht anfassen. Mit großem Eifer untersucht er meine Kamera. Ich freue mich über seine wachen Augen und sein Interesse.

Gegen Ende der Besuchszeit zeigt er uns, was er am liebsten tut: schaukeln. Er macht uns klar, dass wir ihn in die Babyschaukel hineinheben sollen. Seine Gruppe marschiert bereits wieder ins Haus hinein. Wir dürfen noch einen Moment mit ihm länger draußen bleiben. Hanspeter schubst ihn an, aber eigentlich kann er es sehr gut allein. Wie vieles. Er hat gelernt, selbst für sich zu sorgen. Eine Eigenschaft, die er in sein Leben mit uns mitnehmen wird. An manchen Stellen erscheint er uns wie ein kleiner Erwachsener. Mit ernsten Augen blickt er uns aus seiner Schaukel an. Er sagt nichts, er schaukelt und beobachtet uns genau. Was er wohl denkt?

Dann geht er zurück in die *„Gruppe Nr. 3"*. Selbstbewusst stapft er uns voran. Er braucht keine Hand, die ihn führt. Er hatte sie nie.

In den nächsten Tagen besuchen wir ihn täglich im Kinderheim. Wir spielen abseits mit ihm von der Gruppe. Er bestaunt die wenigen Spielsachen, die wir ihm mitgebracht haben. Einmal dürfen wir mit ihm außerhalb der Mauer spazieren gehen – hinter der Gruppe her. Wir bleiben ein Stück zurück. Für ein paar Minuten spielen wir im Park *„Vater, Mutter, Kind"* – ein herrlich normales Gefühl.

Zurück im Kinderheim, schenken uns die Erzieherinnen

Bonbons. „Geben Sie die ihm!" Sie lächeln uns aufmunternd zu. Mein deutsch-mütterliches Gesundheitsbewusstsein revoltiert, besonders als Schenja sie nicht lutscht, sondern von den harten Süßigkeiten krachend abbeißt. „Sie bekommen nicht viel davon", beruhigt uns die Übersetzerin. Dennoch beschließe ich, Kekse zu besorgen.

Während wir ihn wieder einmal schaukeln, fährt ein Krankenwagen vor, aus dem eine Frau mit einem Kind aussteigt. Die Krankenschwester zieht den kleinen Jungen an der Hand durch den Garten zum Haus. Er trägt nur gestrickte Schuhe. Wir sehen uns betroffen an.

„Ja, ein neues Kind …", bestätigt Sveta mit traurigem Blick, als wir nachfragen.

Wie war es wohl, als unser Kleiner hier abgegeben wurde?

„Ich hätte nie gedacht, dass sie ihn nicht mehr abholt", erzählt uns die Ärztin. „Die junge Frau hatte eine gute Beziehung zu ihrem Kind. Eigentlich wollte sie ihn nur ein halbes Jahr hierlassen. Aber ihr sind wohl die Probleme über den Kopf gewachsen. Sie kam nie mehr …" Als man mehrmals androhte, ihr das Sorgerecht zu entziehen, reagierte sie nicht. Daraufhin wurde das Kind zur Adoption freigegeben.

Die Akte des kleinen Menschen liest sich wie die vieler anderer im Heim. 11 000 Kinder, sagt man uns, teilen zu diesem Zeitpunkt dieses Schicksal in jenem Land mit seinen 10 Millionen Einwohnern, das 1986 durch die Reaktorkatastrophe von Tschernobyl traurige Berühmtheit erlangte. Manche Babys werden schon als Frühchen im Krankenhaus von ihren überforderten Müttern zurückgelassen. Armut hat viele Gesichter.

Bekannte aus einem Nachbarort in unserer Region adoptierten ein paar Wochen nach uns mithilfe von Linda Ewert ein frühgeborenes Baby in Weißrussland. Der Kleine war ein Jahr alt, hatte die Größe eines Neugeborenen und konnte sich nicht einmal drehen. Er sah den beiden mit großen Augen aus seinem

Bettchen entgegen. Die beiden nahmen ihn heraus, lachten und spielten mit ihm. Der Mann schloss ihn sofort ins Herz. Aber meine Freundin Edeltraud wollte eine Nacht über der Entscheidung schlafen. „Als wir am nächsten Tag wiederkamen, lachte Alexander und zeigte uns deutlich, wie sehr er sich freute, uns zu sehen. Da wusste ich, es ist unser Kind, und wir nehmen ihn, egal, wie er sich entwickeln würde", erzählte mir die Freundin später. Sie hat viel Liebe und Mühe investiert, bis der Kleine nur laufen und sprechen konnte.

Im Garten des Kinderheims in Minsk begegnen wir bei unserem Rundgang der Erzieherin, die Schenja damals im Alter von zehn Monaten betreut hat, als er abgegeben worden war. Liebevoll nimmt sie den Zweijährigen auf den Arm und spricht mit ihm.

Seine ersten Worte? Sie lacht. Die konnte sie sich bei den vielen Schützlingen beim besten Willen nicht merken. Aber sie weiß noch, dass er bereits laufen konnte. Also eine Sportskanone, unser Kleiner. Er ist ein Schmusebär, der seine Erzieherinnen ganz genau kennt. „Wenn ich im Winter einen Pelzmantel anhabe, erkennt er mich nicht und brüllt!", berichtet uns die Ärztin. Wir sind froh, dass die Frauen so liebevoll mit den Kindern umgehen. Das ist nicht selbstverständlich, wie wir von Berichten aus anderen Heimen wissen. Doch Schenja hat Glück gehabt. Uns schien es so, als ob Gott seine Hand von Anfang an über unserem Kind gehalten hätte.

„Und …?" Nach ein paar Tagen kommen die Betreuerinnen immer wieder mit erwartungsvollen Gesichtern auf uns zu. „Gefällt er Ihnen?" Ihre Fragen sind vorsichtig. „Wollen Sie ihn? Nehmen Sie ihn doch – er ist so liebevoll."

Später erfahren wir, dass er bereits mehreren Familien aus Weißrussland vorgestellt worden war, die sich jedoch zu keiner Adoption entschließen konnten. Doch uns muss niemand überreden, den süßen Fratz zu nehmen.

„Sehr gerne!" Wir nicken eifrig und stellen den Antrag auf Adoption. Die Erzieherinnen freuen sich sichtlich für Schenja und sind erleichtert. Er scheint ein Liebling von ihnen zu sein.

Jetzt müssen wir nur noch einen Termin für die Adoption vor Gericht abwarten. Schade, dass wir ihn nicht gleich mitnehmen dürfen. Wir sind uns sicher: Dieses Kind ist von Gott zu uns geführt. Das „*Los*" ist uns gefallen „*auf liebliches Land*" – so wie es in jenem Bibelvers in Psalm 16 heißt, den ich mir immer wieder vor Augen halte. Wir schaudern bei dem Gedanken, es könnte irgendetwas schiefgehen.

Was, wenn die Mutter plötzlich doch wieder auftaucht?

Bei der zweiten Adoption bleibt uns die Frau, die unser Kind geboren hat, fremd. Wir erfahren ihren Vornamen, sonst nichts.

Immerhin hatte sie ihn an einen Ort gebracht, von dem sie wusste, dass man gut für ihren Kleinen sorgen würde.

Schweren Herzens gehen wir an diesem letzten Besuchstag im Juli mit Schenja durch den kleinen Park. Das Flugzeug ist für den nächsten Morgen gebucht. Selbstbewusst marschiert er mit einer kleinen Einkaufstüte am Arm vor mir auf dem Weg voran.

„*Schenja i Mama*", sagt unser kleiner Schatz.

„Schenja und Mama", wiederhole ich auf Russisch.

„*Mama i Schenja*", drehe ich den Satz um. Er wiederholt es.

So weit reichen meine Russischkenntnisse. Es reicht für die ersten Liebeserklärungen. Wir zeigen ihm Fotos von uns zu Hause, von Levi.

„*Mama, Papa, Levi i Schenja*", sage ich und deute auf jeden von uns. Er nickt und lächelt, als ob er es verstehen würde. Wir schenken ihm ein kleines Album und versprechen ihm, dass wir wiederkommen und ihn abholen würden. Bald!

Wir kommen zurück, Schenja! So schnell wie möglich!

Irgendwie ahne ich, dass es länger dauern würde, bis wir ihn wiedersehen. Qualvoll lange für ein Mutter- und Vaterherz. Und viel zu lange für ein Kind, in dessen Erinnerung trotz Album unser Bild mit jedem Tag mehr verblassen würde …

7
Gut gebrüllt, kleiner Löwe!

„Hab keine Angst, ... denn ich habe dich erlöst!
Ich habe dich bei deinem Namen gerufen,
du gehörst zu mir!"
Jesaja 43,1

In diesem November macht „*Weiß*"-Russland seinem Namen
alle Ehre. Es hat sich in ein Wintermärchen verwandelt. Kalt
und rau empfangen uns Schnee und Wind bei Minusgraden
am Flugplatz. Während des Fluges hatten wir die Wolkendecke
des verhangenen Himmels durchstoßen und waren über ein
Meer von sonnendurchfluteten Wolkentürmen geflogen. Eine
Ahnung der Herrlichkeit Gottes hatte für einen Moment mein
Herz ergriffen. Doch dann lenkt der Stahlvogel seine Flügel wieder abwärts. Von unten ist der Himmel über Weißrussland grau
und verschlossen. Nur ein paar wenige Flugzeuge stehen einsam
am Terminal. Die Äste der Bäume beugen sich tief herab unter
der kalten Last. Die Parkanlagen und Flussufer der Hauptstadt –
im Sommer voller Menschen – sind wie ausgestorben. Um vier
Uhr nachmittags beginnt es zu dämmern – für Gäste aus Süd-
deutschland unerwartet früh.

Wir haben keine Hoffnung mehr, dass Schenja uns noch erkennen würde. Die Nähe, die im Sommer zwischen uns so zart
gewachsen war, sie ist wohl vom Winde verweht ...

Vier Monate hatten wir gekämpft. Eigentlich hatte man uns
gesagt, der Gerichtstermin für die Adoption wäre zwei oder drei
Wochen nach dem Kennenlernen des Kindes. Doch es kam und

kam keine Nachricht aus der Republik Belarus. Nach mehrmaligem Nachfragen hieß es, die zuständige Sachbearbeiterin sei krank. Darum der Stillstand. Wir beteten inständig für ihre Genesung! Trotzdem hörten wir Woche für Woche nichts Neues.

Dann rief Linda Ewert wieder für uns an. Es hieß, die Gültigkeit unserer Papiere sei inzwischen abgelaufen ... Wir müssten einige Dokumente noch einmal neu erstellen lassen und einreichen! Warum hatte uns das keiner gesagt? Stattdessen war die Akte einfach liegen geblieben.

Doch Grollen half nichts. Wir mussten uns fügen – so wie die Menschen auch, die in solch autoritär regierten Ländern leben. Ich klapperte noch einmal die Ämter ab, sammelte Dokumente, Stempel und „Apostillen", die alles „überbeglaubigen".... und wieder ging das Paket zum Übersetzungsbüro.

Keiner in diesem Adoptionszentrum schien es eilig zu haben. Doch uns schmerzte jeder wertvolle Tag, der im Leben unseres Kleinen ohne uns verstrich. Wir zweifelten schon, ob wir überhaupt seinen dritten Geburtstag im Januar mit ihm feiern würden.

Dann träumte ich in einer Nacht. Ich war im Heim und der Junge war weg. Seine Mutter war gekommen und hatte ihn geholt. Man bot uns ein Mädchen an, was wir uns ursprünglich gewünscht hatten. „Nein", schrie ich in diesem Traum. „Nein, ich will genau dieses Kind, nur dieses Kind!" Um nichts in der Welt wollte ich diesen kleinen blonden Kerl mit den wachen blauen Augen wieder hergeben.

Es war ein zäher Kampf. Viele unserer Freunde in der Gemeinde sowie unsere Familien beteten mit uns.

In der Zwischenzeit hatten wir uns für einen Vornamen entschieden, den wir ihm bei der Adoption dazugeben wollten: *Josia*, das bedeutet „*Der Herr ist Rettung*".

In meinem Andachtsbuch, in dem ich täglich las, war das

Foto eines Jungen abgebildet, der sehnsüchtig in die Ferne blickte. Darunter stand: *„Es ist ein köstlich Ding, geduldig sein und auf die Hilfe des Herrn hoffen"* (Klagelieder 3,26; LUT).

Ehrlich gesagt, so köstlich fand ich es nicht. Eher nervenaufreibend.

Wo war Gottes Hilfe?

Ich dachte an das Gleichnis von der Witwe, das Jesus in der Bibel im Lukasevangelium erzählt. Diese Frau nervte einen trägen Richter wegen ihrer Rechtssache so lange, bis er endlich tätig wurde. Nach ihrem Vorbild lag ich Gott ebenfalls in den Ohren. Oft brütete ich über dem Versprechen Jesu:

„Sollte da Gott nicht erst recht dafür sorgen, dass seine Auserwählten, die Tag und Nacht zu ihm rufen, zu ihrem Recht kommen? Und wird er sie etwa warten lassen? … Er wird dafür sorgen, dass sie schnell zu ihrem Recht kommen!" (Lukas 18,8).

Allerdings musste ich feststellen, dass sich meine Vorstellung von *„schnell"* von Gottes Zeitgefühl erheblich unterschied!

An einem Morgen Anfang November weckte ich Levi für den Kindergarten. Der Fünfjährige schlug die Augen auf und strahlte mich an:

„Mama, der Josia kommt bald!"

„Woher weißt du das?"

„Ich habe es geträumt."

„Wie hast du das geträumt?"

„Ich habe zwei Erzieherinnen gesehen, die zueinander gesagt haben: ‚Der Josia kommt bald!'"

Ich war sprachlos – und gespannt, was geschehen würde.

„Deine Trauerzeit ist vorbei!", stand an diesem Tag in meinem Andachtsbuch (Jesaja 60,20).

Am selben Tag erreichte uns per Telefon die Nachricht, dass wir zur Adoption in Minsk erwartet würden. Ehrfurcht über Gottes Reden ergriff unser Herz.

Zwei Wochen später werden wir im Kinderheim in Minsk in den „Rehabilitationsraum" geführt. Die Kinder spielen im Winter nicht im Garten. Diesen Raum, vollgestopft mit Spielsachen, haben wir im Sommer gar nicht zu Gesicht bekommen. Schnell ist uns klar, dass dieses Zimmer dazu dient, Kinder ihren künftigen Eltern vorzustellen.

Die Seifenblasen habe ich zu Hause gelassen. Dafür haben wir einen anderen „Lockvogel" im Gepäck: Levi. Schließlich will er ja ein Kind zum Spielen haben.

Außerdem ist Linda Ewert an unserer Seite. Sie ist persönlich mit uns nach Weißrussland gereist, um uns bei der Adoption zu unterstützen. Ihr Mann versorgt zu Hause die fünf Kinder.

Endlich geht die Türe auf. Eine rundliche Erzieherin führt Schenja an der Hand herein. Er blickt uns mit leeren Augen an. Immer noch trägt er die graue kurze Hose vom Sommer – nur mit einer Strumpfhose darunter. Wir winken ihm vorsichtig. Er versteckt sich am Rock der mütterlichen alten Frau. Man hat ihm seinen Rucksack aufgesetzt, den wir ihm im Sommer geschenkt hatten. Die Erzieherin setzt sich mit ihm auf den Teppichboden des Rehabilitationsraums und redet leise auf ihn ein. Wir sind sprachlos – im wahrsten Sinne des Wortes. Wir können nicht mit zarten Worten um sein Vertrauen werben. Hilflos sitzen wir mit angemessenem Abstand ebenfalls am Boden und versuchen, ihn mit einem Keks zu bestechen. Hanspeter hält ihm lächelnd einen hin.

Schenkst du uns noch einmal dein Herz?

Schenja nimmt den Keks erst nach gutem Zureden der Erzieherin. Sie packt seinen Ball aus dem Rucksack und das Auto mit dem lauten „Tatü-Tata"-Blaulicht. Er drückt alles an sich und sieht uns skeptisch an.

Levi wird es in der Zwischenzeit langweilig. Er beginnt den Raum zu inspizieren. Vor allem das große Bällebad hat es ihm angetan. (Bis heute erinnert sich unser erwachsener Sohn daran!) Neugierig steigt er die kleine Leiter hoch …

Eine Viertelstunde später springen zwei Kinder begeistert in die Bälle hinein. Sie quietschen und lachen vor Freude, werfen die bunten Plastikkugeln aus dem Becken und können nicht schnell genug aus dem Becken klettern, um wieder hintereinander zur Leiter zu rennen. Aus zwei Jungen werden Brüder.

Endlich! Levi hat ein Kind zum Spielen. Er ist glücklich. Und wir sind es auch. Wir können das Wiedersehen am nächsten Nachmittag kaum erwarten.

Doch die frisch gekeimte Familienidylle endet abrupt vor der Tür des Kinderheims. „Wir können Sie nicht hineinlassen. Ihr Sohn hat Husten."

Die Ärztin betrachtet Levi mit ernster Miene. Linda redet beschwörend auf sie ein. Doch die Leiterin lässt sich nicht erweichen. Ein krankes Kind ist eine Gefahr für ein Kinderheim. Dabei hustet er, meiner Meinung nach, nur ein bisschen. Sie schreibt uns den Namen eines Hustensafts auf. Wir beten in dieser Zeit um Hilfe vom Himmel. Plötzlich zeigen unsere enttäuschten Mienen doch noch Wirkung. Die Ärztin erlaubt, dass Schenja – unser Josia – zu uns hinaus in den Park des Kinderheims kommen darf.

Am darauffolgenden Tag, es ist Sonntag, stehen wir nicht allein am Tor. Eine Dame vom Jugendamt trifft mit uns ein – eine schwarze Akte in der Hand.

„Sie ist da, um die Eltern-Kind-Beziehung zu überprüfen", übersetzt uns Linda mit einer Sorgenfalte auf der Stirn.

Die Eltern-Kind-Beziehung? Hallo? Wir kennen uns gerade zwei Tage!

Wir werden mit Levi und Linda wieder in den Rehabilitationsraum geführt. Schon von Ferne hören wir Schenja brüllen. Er wird im Krankenzimmer für den hohen Besuch zurechtgemacht. Der Kleine hasst dieses Zimmer – warum auch immer. Wir hatten schon einmal im Sommer erlebt, wie er dort panisch zu brüllen begonnen hatte, obwohl die Krankenschwester auf meine Bitte hin nur seine Größe gemessen hatte.

Hanspeter und ich sehen uns mit großen Augen an. Wie sollen wir mit diesem kleinen Löwen eine „Eltern-Kind-Beziehung" vorführen?

„Komm, wir gehen in den Flur!" Ich stupse meinen Mann an, weil ich das Warten zwischen all den Spielsachen nicht mehr ertrage. Wir treten in den kahlen Gang, der vom Geschrei des Kleinen widerhallt. Das Krankenzimmer befindet sich am anderen Ende des Flurs. Die Dame vom Jugendamt wartet davor.

Dann wird Schenja weinend von der Betreuerin herausgeführt. Sie haben ihm ein rotes Täschchen umgehängt. Plötzlich erblickt er uns. Er reißt sich los und fängt an zu rennen. So schnell ihn seine kleinen Beine tragen können, flüchtet er über die kalten Fliesen auf uns zu. Es ist, als ob er um sein Leben laufen würde.

Bewegt gehen wir in die Knie und empfangen ihn. Wir schließen ihn in unsere Arme.

Ja, Kind, du gehörst zu uns!

Mit Tränen in den Augen wird die Frau vom Jugendamt zwei Tage später diese Szene vor Gericht erzählen. Sie wird von der Richterin aufgerufen, um die „Eltern-Kind-Beziehung" zu beurteilen.

„Es ist wohl sein Weg, nach Deutschland zu gehen", wird diese Frau sagen.

Die Leiterin des Kinderheims, unsere Ärztin, pflichtet ihr bei. Wir verstehen nicht alles, was sie mit leuchtenden Augen vor dem breiten Schreibtisch der Richterin erklärt. Linda hält sich mit Übersetzen zurück. Die Heimleiterin erzählt, wie schreckhaft und schüchtern das Kind von Anfang an war, und beteuert, dass man versucht habe, den Jungen im Inland zu vermitteln.

Dann erfüllt Schweigen den Saal. Wir bekommen einen Wink, uns zu erheben. Es herrscht eine feierliche Stimmung.

„Es ist wohl sein Weg, nach Deutschland zu gehen", urteilt

schließlich auch die Richterin, bevor sie uns im Namen des weißrussischen Volkes dieses Kind anvertraut.

Ich schlucke. Ein großer Moment in einem schlichten Raum des altehrwürdigen Gerichtsgebäudes. Vor der Tür hört man ein stetes Klopfen – der Putz wird auf der anderen Seite von den hohen Wänden geschlagen. Verstohlen wische ich mir den weißen Staub vom Kleid, mit dem wir bereits vor der Verhandlung auf der Suche nach dem Zimmer überpudert worden waren. Die Richterin weist mit der Hand in Richtung Türe.

„Wir müssen jetzt den Raum verlassen", raunt uns Linda zu und schiebt uns aus der Stuhlreihe hinaus in die dicke Luft des Treppenhauses. Sie hat uns bereits aufgeklärt, dass nach dem Urteil noch eine „reine Formsache" käme, bei der uns das Gericht hoffentlich die vorgeschriebene zehntägige Einspruchsfrist erlassen wird. Erst dann können wir die Ausreisepapiere für das Kind beantragen. Wir rechnen damit, dass wir in drei Tagen das Land mit unserem Sohn verlassen dürfen.

In einer Ecke abseits der Baustelle treffen wir wieder auf das amerikanische Ehepaar, das ebenfalls dabei ist, ein Kind zu adoptieren. Es ist ein Mädchen – acht Monate alt. Wir tauschen uns auf Englisch über unsere Erfahrungen aus. Ich merke, wie die Heimleiterin dabei mit schimmernden Augen zu uns hinübersieht – in ihre Blicke mischt sich Sehnsucht.

Linda unterhält sich mit ihr. Später erzählt sie uns, wie diese Ärztin es kaum fassen konnte, in welcher Selbstverständlichkeit sich die Deutschen mit den Amerikanern unterhalten hatten. Sie selbst war ohne Englischkenntnisse von diesem Plausch ausgeschlossen gewesen und hätte sich doch so gerne in unseren Kreis gestellt.

Die Tür zum Gerichtssaal öffnet sich wieder. Die Richterin verliest etwas. Plötzlich springt unsere Linda auf. Sie bringt mit Tränen in den Augen einige russische Sätze hervor, klingt bittend und flehend.

Was ist los?

Die Richterin schüttelt mit harter Miene den Kopf und deutet auf die Türe, die zum Zimmer des ranghöheren Richters führt. Er hat verfügt, dass keinen Adoptionsbewerbern an diesem Tag die Einspruchsfrist erlassen wird. Eine politische Unstimmigkeit mit den USA ist der Grund. Die Amerikaner vor der Türe will man jedenfalls in Grenzen weisen – da gibt es auch für Deutsche keine Gnade.

Wir haben also zwei Wochen Sonderurlaub im Land der untergehenden Sonne – eine unerwartete Gelegenheit, das Herkunftsland unseres Sohnes näher kennenzulernen. Heute bin ich dem Richter dankbar dafür, doch damals hielten wir die Luft an. Vor allem Linda war verzweifelt – sie hatte nicht damit gerechnet, ihre Familie so lange allein lassen zu müssen.

Trotz des Schreckens sind wir voller Freude und Erleichterung, dass Schenja endlich offiziell unser Sohn ist. Keine Stunde länger wollen wir ihn in diesem Kinderheim lassen! Doch bevor wir ihn abholen können, müssen wir noch ins staatliche Adoptionszentrum.

„Sieht er Ihnen ähnlich?" So lautet die erste Frage der zuständigen Sachbearbeiterin. Ich sehe sie überrascht an. Darüber hatte ich noch gar nicht nachgedacht. Es war uns nicht wichtig gewesen. Doch in Weißrussland wird darauf bei Adoptionen viel Wert gelegt. Ich weiß nicht so recht, was ich antworten soll, und murmle ein höfliches „Ja".

Dann aber erspähe ich etwas in ihrer Akte, das ich unbedingt haben will: das Foto! Das Foto, das man uns einst gefaxt hat. Es zeigt unseren Sohn mit anderthalb Jahren. Ein anderes Foto, auf dem er jünger zu sehen ist, werden wir nie besitzen. Es ist das Foto, das bei seiner Aufnahme in die Kartei des Adoptionszentrums entstanden ist. Schwarz in Grauschwarz war es bei uns aus dem Fax gekommen. Es war das Rätselbild … Ich bitte höflich um eine Kopie davon. Sie reißt es heraus und schenkt es mir mit den Worten: „Das brauchen wir jetzt sowieso nicht mehr."

Für sie ist der Fall erledigt.

Noch am späten Nachmittag fahren wir im Auto zum Kinderheim Nr. 2. Am Steuer sitzt unser weißrussischer Freund Andrej, in dessen Wohnung wir in diesen drei Wochen leben dürfen. Auch im Sommer hatten er und seine Frau Tanja uns schon beherbergt.

Die Ärztin öffnet uns lächelnd und führt uns in den bekannten oberen Stock. Als sie die vertraute weiße Tür öffnet, springt uns Schenja fröhlich entgegen. Sie geht in die Knie und spricht mit ihm. Dann nimmt sie ihn hoch auf die Arme. Linda übersetzt uns, was sie ihn fragt.

„Willst du mit Mama und Papa mitgehen?"

„*Da!*", nickt Schenja.

Und dieses Wort verstehen wir auch ohne „*Russisch für Anfänger*".

Zum Abschied filmt Hanspeter noch zur Erinnerung das Bettchen im Schlafsaal nebenan, das Bad mit den vielen blauen Töpfchen im Regal, die kleine Plastikbadewanne, die startbereit für die Gruppe in der Ecke steht. Schenja weigert sich strikt, mit uns in den Schlafsaal zu gehen. Zu groß ist seine Angst, ins Bett zu müssen!

Einige andere Kinder jedoch folgen uns neugierig. Dann schiebt die Betreuerin sie zurück in das Spielzimmer – zuletzt auch das kleine Mädchen, das so gerne mit uns mitgegangen wäre. Nur Schenja darf durch die Türe der Gruppe heraus in den Gang treten.

Die Heimleiterin führt ihn an seinen Spind. Darin sind eine Jacke, Wollmütze und jene Winterstiefel, die ihm viel zu groß sind. Stets schlurfte er darin hinter uns her. Ich öffne einen kleinen Koffer und zeige ihm die Jungenkleider und Schuhe, die ich mit viel Liebe für ihn in Deutschland ausgewählt habe. Er beginnt, seinen Wollpullover allein auszuziehen. Alles, was er am Leib trägt, gehört dem Kinderheim. Ohne Kleidung soll uns das Kind übergeben werden. Auch bei einer Adoption wird man nackt geboren …

Das neue Sweatshirt mit dem Bären darauf gefällt unserem Sohn – ich helfe ihm beim Überziehen. Doch bei der Jeans beginnt er zu streiken. Er klammert sich an seine Strickhose. So eine blaue steife Hose hat er davor wohl noch nie gesehen.

„Na, dann soll er die Strickhose eben behalten", meint die Ärztin unbürokratisch. Ich bin überrascht, in was für eine unkomplizierte Frau sich die Heimleiterin verwandelt hat. Schenja besteht auch darauf, seine Mütze mitzunehmen. *„Nr. 3"* – die Nummer seiner Gruppe – ist groß in Orange darauf gestickt. Er setzt auch dieses Mal seinen Willen durch.

Stolz trägt er seinen Koffer die Treppe herunter ins Büro der Ärztin. Dort geht sie in die Hocke, um sich ausführlich von ihm zu verabschieden. Es fällt ihr schwer, ihn ziehen zu lassen, das spüren wir. Und doch ist sie zugleich froh, dass ihr Liebling Eltern gefunden hat. Schenja selbst zeigt wenig Interesse an der Abschiedszeremonie. Er will nur gehen. Ich auch. Nach diesem aufregenden langen Tag will ich endlich mein Kind nehmen und heimfahren. Ich halte Schenja mit klopfendem Herzen an der Hand und führe ihn über die Schwelle des Kinderheims Nummer 2. Vor der Türe wartet Andrej mit laufendem Motor. Plötzlich bleibt Schenja stehen und sträubt sich.

„Er ist es nicht gewohnt, in ein Auto zu steigen", meint Linda.

Oh nein, denke ich, *jetzt bloß keine Szene vor der Ärztin!*

Kurzerhand nehme ich ihn auf den Arm und zwänge mich mit ihm auf den Rücksitz des Autos, auf dem schon Hanspeter und Levi sitzen. Schenja brüllt. Die Türen schlagen. Die Reifen quietschen. Andrej braust los.

Ich fühle mich wie bei einer Kindesentführung.

8
Na Kleiner, wohin fliegst du?

„Bringt meine Söhne und Töchter
auch aus den fernsten Winkeln der Erde zurück! …
Ich habe sie zu meiner Ehre geschaffen!"
Jesaja 43,6-7

Wir stehen in der Schlange vor der Passkontrolle des Flughafens in Minsk an. Endlich: der Tag des Abschieds von Weißrussland! Mit jedem Meter jedoch, den ich mit Schenja an der Hand vorrücke, wächst meine Unruhe. Der Grenzbeamte ist hinter einem weißen Kasten verborgen.

Was, wenn wir jetzt zurückgehalten werden?

„Passport!", donnert es aus dem Kasten.

Ich nestle den Packen mit den Dokumenten hervor.

Durch einen schmalen Schlitz erspähe ich die dunkelgrüne Uniform. Der Mann in der Kabine sitzt erhöht über mir. Meine Hände zittern leicht, als ich die Papiere durchschiebe. Ich fasse das Kind an meiner Hand wieder fester.

Was, wenn er jetzt sagt, die Papiere seien nicht in Ordnung?
Etwas würde fehlen?
Wenn sie uns das Kind wegnehmen?

Der Beamte blättert gewissenhaft Seite für Seite um. Dann nimmt er eine Lupe zur Hand.

Wie mühselig war es gewesen, alle diese Dokumente zu bekommen!

Drei Tage vor der Abreise war Hanspeter mit Linda ununterbrochen in Minsk unterwegs gewesen, um die Ausreisepapiere für Schenja anfertigen zu lassen.

Der Mut war ihm gesunken, als er die endlose Schlange vor der deutschen Botschaft entdeckt hatte. Dort anzustehen, hätte Stunden gedauert. Doch Linda kannte den Seiteneingang für deutsche Staatsbürger. Als Hanspeter mit den Papieren in der Tasche wieder herauskam, zückte er noch schnell seine Filmkamera. Ein russisches Donnerwetter, unterstrichen mit der ruppigen Geste eines Muskelprotzes, stoppte den eifrigen Vater.

„Nix Russisch", versuchte Hanspeter dem Sicherheitsmann klarzumachen. Doch der machte ihm rüde auch ohne Worte deutlich, dass Filmen hier unerwünscht war. Grollend zog mein Mann ab und filmte heimlich aus dem Auto – vor Schreck ließ er die Kamera im Rucksack noch eine Stunde weiterlaufen.

Ich versuche vor dem Schalter bei der Passkontrolle am Flugplatz ruhig zu atmen. Nur keine Aufregung zeigen! Ein klopfendes Geräusch ist zu hören. Ich bücke mich vor und blinzle durch den Spalt in den Kasten, in dem der Grenzbeamte thront. Immer wieder saust ein Stempel auf die druckfrischen Dokumente. Dann stapelt er alle Pässe aufeinander und schiebt das ganze Paket mit gleichgültigem Blick durch den Schlitz zurück. Im ersten Moment kann ich es nicht fassen. Hastig ergreife ich die Papiere, drücke sie an mich, nehme meinen Sohn wieder an der Hand und gehe weiter.

Wir sind durch! Ich strahle Hanspeter an. *Wir sind durchgekommen!*

Tonnen von Steinen fallen von uns ab. Doch in Sicherheit werde ich mich erst im Flugzeug fühlen und noch sicherer, wenn ich deutschen Boden unter den Füßen haben würde.

Die größte Hürde ist jedoch genommen. Erleichtert reihen wir uns in der Wartehalle zum *Boarding* in die Schlange der Passagiere ein, die mit uns ins selbe Flugzeug wollen. Vor uns steht eine beleibte ältere Frau. Sie dreht sich zu uns um und mustert Schenja.

„Na, Kleiner, wo fliegst du denn hin?", fragt sie ihn auf Russisch.

„Na Mama", antwortet Schenja. *Zur Mama!*

Die Frau sieht ihn irritiert an. Offensichtlich kann sie mit seinen Worten nichts anfangen.

Wie kann sie auch ahnen, dass ihr der Kleine exakt die richtige Auskunft gibt? Er war auf dem Weg zu seiner Mama.

Noch weitere Fragen?

Einundzwanzig Tage Weißrussland liegen hinter uns. Ein Winterurlaub der besonderen Art. Andrej und Tanja, Christen aus Minsk, haben uns ihre Wohnung überlassen. Sie selbst haben sich mit ihren beiden Kindern auf Schwester und Mutter aufgeteilt. Auch ihr „Campingurlaub" bei den Verwandten dauert länger als erwartet, doch sie ertragen es mit bewährter russischer Gleichmütigkeit, die aus jeder Lebenslage das Beste macht.

Sie besitzen eine Eigentumswohnung im Erdgeschoss eines mehrstöckigen typischen grau-braunen Plattenbaus, der in einer jener Hochhaussiedlungen steht, die sich unendlich gleichförmig durch die Metropole mit ihren fast zwei Millionen Einwohnern auszudehnen scheinen.

Einmal verirren wir uns nach dem Einkaufen zwischen den Hochhäusern und finden kaum noch unsere Unterkunft, so sehr ähneln sich die Häuserriesen, die auf der grünen Wiese aus dem Boden gestampft wurden. Überall treffen wir in den Häuserschluchten auf ähnliche Spielplätze mit denselben blauen Wippen und roten Schaukeln, die einsam im kalten Wind an steifen Stahlrohren schwingen.

Doch an jenem 18. November, dem Tag der Adoption, hätten wir eine Hotelsuite mit goldenen Wasserhähnen nicht glücklicher betreten. Wir sind die frischgebackenen Eltern eines zweiten Kindes! Schenja beruhigt sich im Auto schnell und bestaunt auf meinem Schoß durch das Fenster stumm den Feierabendverkehr auf den Straßen der Hauptstadt.

Ohne Tränen und mit größter Selbstverständlichkeit betritt er mit uns das Hochhaus und folgt Andrej in die Wohnung. Ich helfe ihm aus der neuen Winterjacke. Schenja beobachtet uns, wie auch wir im engen Flur die Mäntel ablegen. Plötzlich greift er nach einem Paar Hausschuhe und bringt sie mir. Er stellt sie vor mir ab, kniet daneben nieder und lächelt zu mir hoch. Verblüfft bedanke ich mich über die unerwartet nette Geste. Auch unser Gastgeber ist überrascht.

„Er wird dir eine große Hilfe sein im Alter!", scherzt er in seinem gebrochenen Englisch. Wir lachen.

Was für einen kleinen Schatz haben wir da gefunden!

In den nächsten Tagen entdecken wir, mit wie wenig wir eine glückliche Familie sein können. Keinen Moment fühlen wir uns in der kleinen Wohnung des Hochhauses beengt. Sie besteht aus einem winzigen Wohnzimmer mit vergittertem Balkon, der mangels Keller als Lager dient und mit den Schätzen der Familie vollgestopft ist. Außerdem gibt es ein Schlafzimmer, in das gerade ein Doppelbett und Gitterbett passen, sowie ein schmales Kinderzimmer, in dem Linda wohnt. Drei kleine Legoflugzeuge sind der kostbarste Besitz von Andrejs ältestem Sohn – daran werde ich meine Kinder später noch oft erinnern.

In der Küche stehen ein kleiner Tisch mit Bänken, eine Spüle und ein Herd mit einem einzigen Hängeschrank darüber. Darin finde ich ein Sammelsurium von Einzelstücken an Tellern und Tassen. Die Töpfe haben ausgebeulte Böden und rutschen beim Kochen beinahe von der Platte. Aber wir fühlen uns nicht anders als sonst. Mal sind wir fröhlich, mal weniger. Das gibt mir zu denken. Wie viel Wohlstand brauchen wir zum Glücklichsein?

Die Toilette ist ein sonderbarer Ort. Dorthin haben unsere weißrussischen Glaubensgeschwister ihre kommunistischen

Wimpel und Abzeichen von der Jugendweihe verbannt. Die ganzen Wände hängen voll davon. Wir ahnen, dass Christsein in diesem Spannungsfeld nicht einfach ist. Andrej produziert unter einfachsten Mitteln christliche Musik-CDs. Mein von Technik begeisterter Mann muss ihn jedoch hartnäckig überreden, bevor er bereit ist, ihm das „Studio" unter der Treppe zu zeigen – ein kleines Mischpult und zwei Mikrofone.

Ein besonderes Kleinod von Andrej und Tanjas Wohnung ist das fensterlose Badezimmer. Unsere Gastgeber sind stolz darauf. Durch die zentrale Fernwärme ist es bestens beheizt. Es ist nur so breit wie die kleine Badewanne darin – und wird für uns zum Ort eines täglichen Rituals.

Was soll man mit zwei aufgeweckten Kindern nach dem Mittagsschlaf machen, wenn nachmittags die Sonne untergeht und der nahe Park im Dunkeln liegt?

Wir stecken sie in die Badewanne. Schon am ersten Tag geht hier bei Schenja die Sonne auf. Er strahlt über das ganze Gesicht, als wir ihn darin mit Levi sitzen lassen.

„Im Kinderheim werden die Kleinen nacheinander nur kurz durch die Wanne geschleust", erklärt uns Linda den Grund seiner Freude. „Da dürfen die Kinder nie im Wasser spielen. Dafür ist einfach keine Zeit."

Zufrieden befüllen die Brüder die kleinen bunten Becher, schieben die Plastikentchen hin und her und schrubben die Fliesen mit Waschlappen. Ein heller und ein dunkler Haarschopf in absoluter Harmonie. Kein Streit. Keine Kommunikationsprobleme. Und bitte kein Ende.

Es ist eine Badewanne voll Glück.

Leise stehe ich dabei und kann mich nicht satt daran sehen. Immer noch kann ich es kaum fassen: Ich habe zwei Kinder.

In einem dieser überirdischen Augenblicke im Bad wird die Idee geboren. *Sollte ich jemals ein Buch darüber schreiben*, so gelobe ich mir, *dann nenne ich es „Eine Badewanne voll Glück".*

Bald gibt es auch Momente, in denen wir unsicher und herausgefordert sind. Was soll ich kochen? Linda empfiehlt Haferbrei – etwas anderes kennt Schenja kaum aus dem Heim. Ich muss mir erst einmal zeigen lassen, wie man das zubereitet.

Jeden Abend ist unser Kleiner so aufgedreht, dass er im Bett herumturnt. Wir hören ihn plappern und nesteln.

„Linda, was heißt ‚Schlaf jetzt‘?", frage ich unsere Übersetzerin. Wir versuchen, die Worte nachzusprechen und üben, damit es überzeugend klingt.

Kaum öffnet einer von uns jedoch die Türe, liegt Schenja perfekt schlafend in den Kissen. Sind wir weg, wird er wieder munter. Der kleine Schauspieler! Wir lachen. Es ist nicht die einzige Überlebensstrategie, die er im Kinderheim gelernt hat …

Am zweiten Tag stürzt Schenja im Wohnzimmer und fällt mit dem Kopf auf einen Legostein. Sofort schwillt eine wüste Beule an seiner hellen Stirn an. Sie wird nicht die letzte sein. Auf vielen Fotos im Familienalbum hat er Beulen oder ein blaues Auge!

Unser Kind läuft in den ersten Monaten unseres gemeinsamen Lebens gegen unzählige Laternenpfähle und Hindernisse, weil ihm das Gespür für sich und seine Umgebung fehlt. Schon im Kinderheim war uns aufgefallen, dass er keinerlei Schmerz zu empfinden schien, wenn er stürzte. Er stand klaglos auf und rannte weiter. Mit unseren Versuchen, ihn zu trösten, konnte er nichts anfangen.

Erst später bei einem Seminar erfahren wir davon, dass sich Selbstwahrnehmung nur entwickeln kann, wenn ein kleiner Mensch in den frühen Jahren seines Lebens eine angemessene Beachtung und Zuwendung erlebt. Lange hatte unser Sohn kein Empfinden, ob es ihm zu warm oder kalt war. Doch in den ersten Tagen in Minsk ahnen wir nichts davon.

Bei unserem ersten Einkauf will sich Schenja in dem gut beheizten Supermarkt die Mütze nicht ausziehen lassen. Er hält sie mit beiden Händen fest, als ich ihm die Schleife aufbinde. Was nun? Hilflos schaue ich zu Linda. Draußen ist es bitterkalt – er könnte nachher frieren … Was soll ich tun?

„Ihr seid jetzt die Eltern. Entscheide als Mutter", rät sie mir. Ich setze mich durch und ziehe ihm die Mütze trotz Protest vom Kopf.

Heute bereue ich meine Ungeduld. Ich würde anders entscheiden. Warum war ich damals nicht gelassener? Einfach entspannter? Warum, warum? Noch viele meiner Handlungsweisen werde ich in den nächsten Jahren infrage stellen.

War es richtig, Schenja an einen neuen Rufnamen zu gewöhnen? Lange Zeit war ich mir unsicher. Das deutsche Standesamt hatte uns aufgefordert, ihm einen Namen mit eindeutig erkennbarem Geschlecht zu geben. „Schenja" war in dieser Hinsicht unbrauchbar, da es im Russischen auch für weibliche Abkürzungen benutzt wird.

Am Anfang sagten wir „Schenja-Josia" zu ihm, bis *Schenja* in Vergessenheit geriet. Vielleicht würde ich auch das heute anders machen.

„Gewöhnen Sie das Kind nicht an einen neuen Rufnamen", hatte uns die Sozialarbeiterin vom Landesjugendamt im Vorfeld geraten. „Es ist das Einzige, was es aus seinem alten Leben mitbringt. Es ist seine Identität."

Heute denke ich, sie hatte recht. Damals war es mir wichtiger, ihm eine neue Identität als Kind unserer Familie zu geben.

Zum Glück sieht mein Sohn das Thema heute gelassen.

„Sollen wir wieder *Schenja* zu dir sagen?", fragte ich ihn als Teenager reumütig.

„Ist schon okay", meinte er und winkte ab. „Bei *Schenja* fragt sich ja jeder, wo ich herkomme." Und das wollte er auf keinen Fall: seine Herkunft und Geschichte erkennbar vor sich hertragen. Dann doch lieber *Josia* … Allerdings, so ergänzte er, hätte er lieber *Leon* geheißen – das wäre „unauffälliger" gewesen.

Wir nutzen die drei Wochen in Minsk, um für unseren Sohn Erinnerungen zu sammeln. Baby-Fotos werden wir wohl niemals von ihm haben. Als Ersatz fotografieren wir das triste „Krankenhaus Nr. 7", in dem er laut Geburtsurkunde zur Welt gekommen ist.

Mit dem Taxi und den typischen Kleinbussen, den *Marshrutkas*, erkunden wir seine Geburtsstadt. Einmal gelingt es Levi nicht, rechtzeitig mit uns aus einem Kleinbus zu klettern. Wir stehen mit Schenja auf der Straße, die Bustür fällt zu. Hanspeter schreit und rüttelt am Griff, der Fahrer will schon Gas geben. Panisch klopft Levi von innen an die Wagentüre und brüllt. Die Fahrgäste reagieren. Sofort ist Leben im Bus. Die Insassen stoppen den Chauffeur, und der Kleine wird von starken Händen und freundlichen Gesichtern hinausgereicht. Doch der Schreck sitzt uns in den Gliedern. Nicht auszudenken, wenn wir ihn verloren hätten! Ab diesem Moment hält immer einer von uns ein Kind an der Hand, wenn wir unterwegs sind. Im Gedränge begleitet mich die Angst, einen meiner kostbaren Kleinen zu verlieren.

Wir schlendern durch Kaufhäuser und riesige Märkte, die einfach anders sind. Die Ware liegt noch hinter Glasvitrinen und wird nur auf Wunsch des Kunden vom Verkäufer hervorgeholt. Nach und nach füllen sich unsere Koffer mit Andenken und Geschenken – den typischen *Matroschka*-Puppen, geschnitzten Tieren und gestickten Tischdecken im traditionellen schwarzroten Kreuzstich.

Hanspeter schluckt, als ihm unser Gastgeber erzählt, ein Ingenieur wie er würde in seinem Land etwa fünfzig Euro im Monat verdienen. Im Supermarkt finden wir dasselbe Angebot vor wie bei uns zu Hause – allerdings zu den gleichen Preisen. Nur Kartoffeln und Kraut sind deutlich billiger.

Besonders staunen wir darüber, wie auf dem Markt Hasen, Meerschweinchen und andere Kleintiere ohne Käfig angeboten werden. Die putzigen Felltiere sitzen einfach nebeneinander auf dem Tisch der Marktstände, und die Verkäuferin streichelt sie beständig. Es erinnert mich an die Szene im Kinderheim, bei der die Erzieherinnen alle Kinder in dieser Weise nebeneinander auf dem Boden aufgereiht hatten – jedes mit einem Buch auf dem Schoß. In Weißrussland funktioniert diese Pädagogik sogar bei Kaninchen und Schildkröten.

Wir besuchen die Büffel und Bären im *Zoopark* in Minsk und bestaunen die tollkühnen Reiter im weißrussischen National-zirkus, der sogar ein richtiges „Theaterhaus" für seine Vorstellungen besitzt.

Das Touristenbüro überraschen wir mit einer Anfrage nach einer Stadtführung, die wir nach einigen Tagen sogar mit einem deutschsprachigen Führer bekommen. Allerdings präsentiert sich die Minsker Altstadt gespenstisch im Novembernebel. Wir können nur ahnen, wie die Stadt aussicht … Die kommunistischen Denkmäler grüßen noch unangetastet von ihren Sockeln. Keine Spur von „*Glasnost*", das den großen Bruder Russland so verändert hat. Hier scheint alles noch beim Alten.

„Gibt es einen Geheimdienst?", fragt Hanspeter arglos. Der Blick und das eisige Schweigen des Fremdenführers lassen ihn schnell verstehen, dass er die falsche Frage gestellt hat.

Winterschlaf herrscht auch im *Detskiy Park*, dem großen *Kinderpark*. Das Riesenrad und die Schiffschaukeln stehen verlassen zwischen den kahlen Bäumen auf vereistem Boden. Doch zum Glück lassen sich Enten zu jeder Jahreszeit füttern! Mit dieser Attraktion sind unsere Kinder an diesem Tag zufrieden.

In der Nähe des Kinderparks, am *Siegesplatz*, steht ein vierzig Meter hohes Kriegsdenkmal, das an die Gefallenen und Partisanen des Zweiten Weltkriegs erinnert. Vor einem schwarzen Obelisk brennt ein ewiges Feuer. Wir beobachten mit den Jungen die Wachablösung der Soldaten, die in feierlicher Stille im Stechschritt marschieren.

Die historische Spurensuche führt uns auch zur *Jama*, zur

„*Grube*", dem Holocaustdenkmal des ehemaligen Gettos von Minsk während des Zweiten Weltkriegs. Ich hatte im Geschichtsunterricht noch nie etwas davon gehört. Die deutschen Besatzer hatten in diesem Getto 75 000 Juden zusammengetrieben – kaum einer überlebte. Eine Bronzeskulptur zeigt eine Schlange lebensgroßer Menschen, die in einen Abgrund wanken. Eine Zeitreise, die uns betroffen macht.

Die tiefsten Einblicke in die weißrussische Wirklichkeit bekomme ich jedoch in den Momenten, in denen ich am Küchenfenster unserer Wohnung im Erdgeschoss sitze. Ich blicke den Menschen nach, die am Plattenbau vorbeigehen – man ist mangels Auto meist zu Fuß unterwegs. Ich beobachte, wie Teppiche an Stangen aufgehängt und ausgeklopft werden. Riesige Einmachgläser werden ausgeladen und durch das endlos dunkle Treppenhaus nach oben geschleppt. Viele halten sich mit den Erträgen ihrer Schrebergärten vor der Stadt über Wasser. Betrunkene Männer torkeln bereits am Vormittag durch den Park. Mehrmals hören wir die Nachbarn in der Wohnung über uns im Suff so laut toben und schreien, dass ich fürchte, sie könnten sich erschlagen. Wir bekommen sie nie zu Gesicht.

Dafür beobachte ich vor dem Haus immer wieder eine alte Frau mit Kopftuch und Strickjacke, die trotz beißender Kälte in den Mülleimern wühlt. Viele alte Menschen sind bitterarm. Die Alte trägt lediglich ein paar grüne Gummistiefel.

Am letzten Tag tausche ich in einer nahen Bank Devisen um. Ein paar Rubel lassen sich nicht mehr in Euro zurückverwandeln.

„Verschenke sie", meint Linda. Da kommt mir die Oma in Kopftuch und grünen Gummistiefeln entgegen. Ich stupse meine Begleiterin an.

„*Babuschka*", spricht Linda sie liebevoll an. „*Großmütterchen …*"

Überrascht wendet sich ihr faltiges Gesicht uns zu. Ich schenke ihr den Rest der Rubel. Es ist mir peinlich, weil es so lächerlich wenig ist. Doch sie reagiert überschwänglich dankbar. Sie spricht spontan ein Gebet und erfleht den Segen des Himmels für mich. Zutiefst berührt gehe ich nach Hause. Wir packen die Koffer, steigen ins Flugzeug und heben ab – mit dem Segen aus Weißrussland.

Keiner hatte in den Tagen zuvor Einspruch erhoben gegen die Adoption – auch nicht Schenjas Mutter, von der man uns sagte, sie hätte den Gerichtsbeschluss ebenfalls per Post erhalten.

Was sie wohl empfand, als sie den Brief öffnete?

Was bewegt eine Frau, wenn sie liest, dass ihr Kind weit weg von ihr aufwachsen wird – als Deutscher? Oxana kann uns auf diese Fragen keine Antwort geben. Wir bekommen sie nicht zu Gesicht. Mehr als ihren Namen gibt das Adoptionszentrum nicht preis. In der Republik Belarus ist eine offene Adoption nicht vorgesehen.

Unser Sohn hat außer dem deutschen auch einen weißrussischen Pass – bis er achtzehn Jahre alt ist. Dann müsse er sich für eine Staatsbürgerschaft entscheiden, so heißt es.

Nach zwei Stunden Flug landen wir in Frankfurt. Dem ersten Polizisten, den ich auf der Gangway erblicke, könnte ich um den Hals fallen. In Weißrussland hatte ich jede Person in Uniform im Stillen gefürchtet. Als ich auf deutschem Boden aus dem Flugzeug steige, bekommt der Spruch *„vom Freund und Helfer"* ein neues Gewicht. Ich bin dankbar wie nie zuvor, in einem Rechtsstaat zu leben, in dem ich keine Angst vor der Willkür von Polizisten und Beamten haben muss.

Konsequenzen drohen jedoch, wenn man zu schnell fährt … und so macht ein Blitzgerät auf der Autobahn gleich das erste Familienfoto von uns. Es klebt heute im Familienalbum. Zugegeben, beim Fotografen wäre es billiger gewesen.

Übrigens ist Autofahren kein Problem mehr. Schenja kletterte im Parkhaus des Frankfurter Flughafens strahlend in unseren roten Wagen. Zuvor hatten uns Hanspeters Schwestern in der Flughalle empfangen. Schenja entpuppt sich als unkomplizierter und kontaktfreudiger Kerl, den alle Tanten gleich ins Herz schließen. Von wegen Fremdeln! Das war gestern …

Nur wenn man ihn auf Russisch anspricht, wird er sich in den nächsten Wochen betont uninteressiert abwenden. Russisch – das war ebenfalls gestern … Heute spricht er kein Wort mehr.

Am späten Abend stehen wir schließlich zu viert vor unserem Zuhause.

Als wir durch die Haustüre treten, bin ich froh, dass wir alleine sind. Ich atme vor der Garderobe erst einmal durch. Schenja hält immer noch die Schlaufe seines roten Luftballons in der Hand, den er von einer Tante bekommen hat. Kaum haben wir die ersten Koffer abgesetzt, rennt Levi los und Schenja hinterher. Verdutzt schauen Hanspeter und ich uns an. Vier Kinderfüße trappeln aufgeregt durchs Haus, der rote Luftballon wackelt hinterher. Wir hören Levi mit seinem neuen Bruder durch jedes Zimmer stürmen. Aus den Kinderzimmern klingen schließlich alle Sirenen, die unsere Spielsachen von sich geben. Es klappert und quietscht. Hanspeter und ich gehen langsam die Treppen hoch in den oberen Stock, wo auch Schenjas Zimmer liegt. Er kommt uns mit einem Puppenbuggy entgegen und strahlt uns mit seinen großen blauen Augen an. Der rote Luftballon baumelt immer noch an seinem Handgelenk.

Nie mehr habe ich aus Levis Mund den Satz gehört: „Ich will ein Kind zum Spielen haben." Er erkundigt sich lediglich, wann wir wieder nach Weißrussland fahren, um ein Kind abzuholen. „Haben die dort auch Mädchen?", will er wissen und bestellt gleich zwei Schwestern.

Am darauffolgenden Sonntag gehen wir in den Gottesdienst unserer Kirchengemeinde. Wir sind etwas zu spät dran und die Gemeinde singt schon das erste Lied. Wir betreten den Gottesdienstraum und schleichen hinein. Hanspeter trägt Schenja auf dem Arm. Plötzlich erstirbt der Gesang und alle Blicke richten sich auf uns. Die Klavierspielerin hört auf zu spielen, weil sie mit ihren tränennassen Augen nichts mehr sieht. Auch die Sänger haben einen Kloß im Hals. Die Musik macht eine Pause. Das Pastorenehepaar und etliche Freunde haben in den letzten Wochen mit uns gefiebert und für uns gebetet. Viele Arme schlingen sich um uns und unser Kind. In diesem Moment habe ich die Gewissheit: Wir sind zu Hause angekommen!

Es erinnert mich an das Fest, von dem Jesus erzählt. An die Party, die im Himmel gefeiert wird, wann immer ein Mensch nach Hause in Gottes Arme findet.

Schenja geht an diesem Sonntag ohne Probleme sofort in den Kindergottesdienst. Überhaupt merken wir schnell, dass er Kindergruppen liebt. Dies ist die Welt, in der er sich auskennt und wohlfühlt. Am liebsten würde er gleich im Kindergarten bleiben, als ich Levi dort hinbringe. Doch wir entscheiden, ihn erst ein paar Monate an uns zu gewöhnen. Schließlich ist „Familie" für ihn ein Fremdwort.

Wir setzen uns mehrmals „in die Nesseln", als wir fremde Leute bitten, unser Kind wieder abzusetzen, nachdem sie es hochgenommen haben. Der freundliche kleine Kerl streckt jedem Unbekannten seine Ärmchen vertrauensvoll entgegen. Wie gesagt, Fremdeln war gestern. Doch die meisten Menschen um uns herum reagieren verständnisvoll auf unsere Bitten, ihn wie jedes andere unbekannte Kind auch zu behandeln. Und so lernt Schenja, dass wir seine *Familie* sind und er in besonderer Weise zu uns gehört.

Übereifrig bringen wir ihn in jedes Förderangebot, das wir erwischen können. Vor allem Deutsch steht auf dem Stundenplan. Sein bester Lehrer ist jedoch Levi. Er bemüht sich auf ganz eigene Art, mit seinem Bruder zu reden. In Weißrussland hat er ein paar Brocken Russisch aufgeschnappt. Er lernte unter anderem: *„Eta ...“* bedeutet *„das ist ...“* Dieses *„eta"* baut er anfangs in jeden Satz ein, den er mit Schenja spricht.

„Schenja, das ist ein *eta* Pferd.“

Auch die Frage *„Chotschesch pisit?“* – *„Musst du Pipi?“* – hatte er oft von uns gehört. Einmal belausche ich, wie er beim Spielen seinen Bruder informiert:

„Ich geh schnell ein *eta pisit* machen.“

Wir lachen bis heute über dieses *„Russisch für Fortgeschrittene"*!

Ein halbes Jahr später schrieben wir mithilfe der Sachbearbeiterin der Adoptionsbehörde im Landratsamt den ersten Entwicklungsbericht für das weißrussische Adoptionszentrum. Wir hatten viel Gutes zu berichten – und etliche schöne Fotos. Drei Jahre lang erledigten wir alle sechs Monate diese Hausaufgabe.

Eines Tages staunte ich nicht schlecht, als ich die weißrussische Botschaft am Telefon hatte. Man wolle uns besuchen und nach dem Kind sehen.

Also gut, dachte ich, *da ja sonst keine Verwandten aus Weißrussland kommen ...* Etwas verlegen stand der Vertreter des weißrussischen Konsulats vor unserer Tür.

„Das ist keine Kontrolle, nur ein Besuch“, versicherte er mir. Auf jeden Fall entschädigte er uns mit einer großen Tüte voll Süßigkeiten für die Aufregung. Alle zwei Jahre besuchte uns fortan treu ein neuer Vertreter der Botschaft. Wir fühlten uns geehrt. Doch länger als ein paar Minuten blieb der hohe Besuch nie.

Auch Tanja und Andrej in Minsk schickten wir unser Lieblingsfoto, auf dem Levi und Josia fröhlich aus dem Rennauto eines Freizeitparks winken.

„Das ist kein weißrussisches Kind mehr“, ließen unsere Freunde aus Mink uns ausrichten. Sie erkannten Schenja nicht mehr. In der Tat hatte sich das schüchterne Heimkind in einen lebenslustigen Racker verwandelt. Wir waren glücklich. Gott hatte uns auf übernatürliche Weise zwei gesunde Jungen geschenkt. Was wollten wir mehr?

Der Standard der angemessenen Kinderzahl nach deutschem Denken war erreicht. „Zwei Kinder – jetzt seid ihr fertig", stellte meine Mutter zufrieden fest.

Doch Gott hatte gerade erst angefangen.

9
Ein Lachen vom Himmel

„Gott lässt mich wieder lachen!
Jeder, der das erfährt, wird mit mir lachen!"
1. Mose 21,6

Ich halte mich am Empfangstresen der Frauenarztpraxis fest.
Was hat die Arzthelferin gerade gesagt?
Neben ihr verhandelt eine Kollegin in Kopftuch lautstark in ihrer Muttersprache mit dem türkischen Paar auf der anderen Seite der Theke. Um mich herum im engen Gang der Gemeinschaftspraxis warten weitere Frauen. Die wenigen Stühle im Flur sind belegt. Das Telefon klingelt.

Die Arzthelferin lächelt mich an und wiederholt leise ihren Satz:

„Das Ergebnis ist positiv."

Ich starre sie ungläubig an.

„Sie sind schwanger!"

Ich kann es nicht glauben. Ich will es nicht glauben. Zu groß ist die Angst, dass es nicht wahr ist, was ich höre. Dass ich nur träume und wieder enttäuscht erwache.

„Ist das auch ganz sicher?"

„Ganz sicher."

Sie zeigt verstohlen auf das Ergebnis des Schwangerschaftstests, das hinter ihrer Theke verborgen ist. „Unsere Tests sind sehr zuverlässig."

„Entschuldigen Sie, dass ich frage", stottere ich, „aber wir versuchen es seit fünfzehn Jahren …"

„Wollen Sie die Ärztin sprechen?"

Ich will.

Auch sie bestätigt mir das Unglaubliche: In mir wächst ein Kind! Einfach so. Ohne medizinische Nachhilfe. Auf natürlichem Wege entstanden. Und dabei hat der Vater das zulässige Höchstalter für die Vermittlung eines Babys von Amts wegen längst überschritten.

Ich sehe das kleine Herz klopfen. Und meines klopft mit, als ich das unförmige Etwas im Ultraschall betrachte. 1,4 mm ist es groß. Als Beweis für meinen Mann lässt die Frauenärztin ein Foto aus dem Drucker … natürlich schwarz in Grau-Schwarz. Ein Rätselbild – wie immer. Die Ärztin heftet es in ein kleines blaues Buch und gibt es mir.

Ein paar Wochen zuvor hatte ich den Koffer für den Sommerurlaub in Frankreich gepackt. Dabei war mir ein letztes Packungsheftchen mit Folsäuretabletten in die Hände gefallen. Jahrelang hatte ich sie genommen, damit mein Körper für den Fall einer Schwangerschaft optimal gerüstet wäre. Nun war ich als glückliche Mutter von zwei süßen Jungen an einem Punkt, an dem ich damit abschließen wollte. Ich wollte mich nicht länger mit der Hoffnung plagen. Ich war über meinem Kinderwunsch zur Ruhe gekommen. Schenja lebte bereits seit über zwei Jahren bei uns und war längst unser Josia geworden.

„Die nehme ich noch", sagte ich innerlich zu Gott und steckte die Tabletten in den Kulturbeutel. *„Das ist deine letzte Chance!"*

Er hat sie genutzt.

Während wir im Schlafzimmer des Ferienhäuschens dem Klang der Wellen lauschten, tat er sein Wunder. Es war einer unserer schönsten Sommerurlaube an der französischen Mittelmeerküste. Der blaue Himmel gehörte zum Servicepaket. Die Kinder fingen am Strand kleine Krebse und Fische, bauten Burgen und Häfen – und ich tat nichts anderes, als ihnen dabei zuzusehen. Wir waren einfach dankbar.

Nur eine kleine Frage nagte manchmal in einer hinteren Ecke meines Herzens:

Wie hätten wohl unsere leiblichen Kinder ausgesehen?

Ich liebte meine angenommenen Söhne und wollte sie um nichts in der Welt eintauschen. Ja, der Alltag ließ uns vergessen, dass sie nicht in meinem Bauch gewachsen waren. Ich musste mich bewusst an diese Tatsache erinnern.

Aber die Neugier blieb in stillen Stunden, die leise Sehnsucht. In solchen Momenten war es mir, als ob ein Gedanke wie ein zarter Schmetterling durch mein Herz flatterte …

„Für jedes adoptierte Kind will ich dir ein leibliches geben. "

Ich hielt es für einen Schmetterling – nicht unbedingt für das Flüstern des Heiligen Geistes. Ich wollte es Gott bis ans Ende meiner Tage zutrauen, dass er uns ein leibliches Kind geben könnte, aber ich wartete nicht mehr darauf. So, wie es war, war es gut.

Völlig überwältigt gehe ich nach dem Besuch bei der Frauenärztin aus der Praxis. In meinen Händen das kleine blaue Buch. Immer wieder lese ich ungläubig und glücklich, was darauf steht: Mutterpass.

„Spätgebärende " hat die Ärztin darin angekreuzt. Ich schmunzle. Dafür kann ich nun wirklich nichts, denke ich, dass ich inzwischen sechsunddreißig Jahre alt bin – an uns hat es nicht gelegen … Wir hatten uns frühzeitig bemüht.

Zu Hause stürze ich ans Telefon.

„Komm heim, ich muss dir etwas sagen!"

Mein Mann nimmt die Nachricht nach Feierabend gefasst auf.

„Ich dachte mir schon, dass etwas Besonderes ist, weil du es mir am Telefon nicht sagen wolltest." Er lächelt versonnen.

Wie können Männer nur so „cool" bleiben?!

Der Mutterpass bekam einen Ehrenplatz auf meinem Nachttisch. Am liebsten hätte ich ihn vor mir hergetragen! Doch vorerst sagten wir es nur ein paar wenigen vertrauten Menschen.

Eine bislang unbekannte neue Angst hatte mich ergriffen. Eine Angst, die wohl auch andere Schwangere in den ersten Wochen plagt. *Was, wenn es nicht bleibt?*

„Wenn das mal drin ist, ist es fest", beruhigte mich unser guter Freund, Dr. Michel Guth, der als Arzt am örtlichen Krankenhaus arbeitete und zugleich ehrenamtlich Leiter in unserer Kirchengemeinde war. Dennoch schielte ich weiter auf das Ende der 12. Woche der Schwangerschaft – dann erst wollte ich aufatmen. Die ersten drei Monate verstrichen. Es ging mir wunderbar – ich hatte nicht einmal mit Übelkeit zu kämpfen. Außerdem freute ich mich, dass die letzten Monate meiner Schwangerschaft im Winter liegen würden und nicht in den schwülen heißen Monaten, die die Landschaft am Oberrhein im Sommer regelmäßig heimsuchten.

Wir versammelten unsere Jungen und erzählten es ihnen. Sie waren begeistert. Natürlich geschah sofort, was wir hatten kommen sehen …

Zwei Tage später sprach mich die Erzieherin im Kindergarten an.

„Ist es wahr, was Levi und Josia erzählen? Sind Sie wirklich …?"

„Ja!"

Ich weihte sie als eine der ersten im Ort mit bebendem Herzen in unser veröffentlichtes Geheimnis ein. Sie staunten mit mir über das Wunder und freuten sich. Ich fühlte mich wie Sarah, Abrahams Frau, in der Bibel.

„Gott lässt mich wieder lachen!", sagte sie in derselben Situation. *„Jeder, der das erfährt, wird mit mir lachen!"* (1. Mose 21,6).

Und genau so war es. Die gefühlte Scham über meine Unfruchtbarkeit war wie abgewaschen. Auch wenn man in unserer Gesellschaft glücklicherweise den Wert einer Frau nicht mehr daran misst, war es ein tiefes Gefühl der Wiederherstellung in mir. Als ob Gott mich aus dem Staub erhoben hätte … Ich ging wie auf Wolken.

Noch in der Nacht zuvor hatte ich einen unruhigen Traum gehabt. Ich hatte ein Gespenst gesehen, aus Blutstropfen gemalt. Normalerweise plagten mich keine Albträume dieser Art, darum schüttelte ich ihn ab. Doch am Abend desselben Tages sollte ich diesem Schrecken in die Augen sehen.

Meine Familie ist gerade beim Abendessen, als ich die Blutung entdecke. Erst sind es nur ein paar Tropfen, die mich aufschrecken, dann sind es ganze Bäche, die aus mir zu fließen scheinen. Es ist, als ob der Boden unter mir nachgibt. Der Traum wird zum Albtraum!

Hast du mich dazu schwanger werden lassen?
Damit ich das erlebe?
Ich schreie innerlich zu Gott, kann nicht klar denken.
„Fürchte dich nicht, glaube nur!", höre ich deutlich in meinem Herzen.

Für einen Augenblick kommt übernatürlicher Friede in mein Herz. Dann aber sehe ich wieder nur rot … Ich fürchte mich und glaube an gar nichts mehr.

Ich weiß nicht, wie an diesem Abend das Essen beendet wird und die Kinder ins Bett kommen. Hanspeter jongliert es irgendwie. Ich lege mich flach ins Bett und telefoniere verzweifelt mit allen meinen Ratgebern.

„Du kannst nichts tun", ist die Botschaft. Zu mehr bin ich auch nicht fähig. Ich bin innerlich wie eingefroren.

Da passiv zu bleiben noch nie unsere erste Wahl war, bringt mich mein Mann nachts um zwei Uhr ins Krankenhaus. Es hilft nichts. Ich muss den Tatsachen ins Auge sehen. Mein Leben muss weitergehen – trotz einer Fehlgeburt. Schließlich habe ich meine beiden Jungen.

Die Nachtschwester packt mich in ein Krankenhausbett und gibt mir ein starkes Beruhigungsmittel. „Nun schlafen Sie erst einmal!"

„Wie geht es weiter?", will ich mit zitternder Stimme wissen.
„Werde ich ausgeschabt?" Ich will mich dem Unausweichlichen
stellen.

„Jetzt warten Sie mal ab", antwortet sie in sachlichem Ton.
„Rechnen Sie zu fünfzig Prozent, dass es noch da ist."

Ich sehe sie überrascht an. Es besteht noch Hoffnung? Nach
dieser heftigen Blutung?

*„Fünfzig Prozent? Das ist mehr als die zwanzig Prozent Erfolgs-
quote bei der Kinderwunschbehandlung"*, schießt es mir durch
den Kopf. Ein seltsamer Gedanke – doch mit dieser Rechnung
schlafe ich ein.

Am nächsten Vormittag besucht mich eine junge Frauenärztin,
die auf der Station arbeitet. Verständnisvoll hört sie mir zu, bis
ich ihr meine ganze Geschichte erzählt habe.

„Wissen Sie, diese Schwangerschaft bedeutet mir sehr viel",
erkläre ich ihr, „wir haben fünfzehn Jahre lang darauf gewartet."

„Dann sehen wir einmal nach." Kurz darauf rollt sie ein mo-
biles Ultraschallgerät ins Zimmer. Sie entschuldigt sich für das
alte Gerät, doch ich bin froh, dass sie überhaupt irgendeine
Untersuchung mit mir anstellt, die vielleicht Licht ins Dunkel
bringt.

Und dann sehen wir am unscharfen Bildschirm, was los ist:
Ein kleines Etwas hüpft in mir. Es lebt! Und es scheint quietsch-
fidel zu sein! Ich beginne zu weinen vor Freude – und die Ärztin
ebenfalls. Sie erzählt mir, dass sie ebenfalls schwanger sei und
lacht unter Tränen mit mir.

Gott hatte mir mein Lachen zurückgeschenkt. Und jeder, der
es hörte, freute sich mit mir.

Ich war überrascht darüber, wie mir danach einige Frauen über
ähnliche Erfahrungen berichteten. Sogar meine Schwiegermutter hatte um das Jahr 1955 herum während einer Schwangerschaft eine starke Blutung. Danach wusste sie lange nicht, ob

das Kind in ihr noch lebte, denn damals konnten die Ärzte dies noch nicht feststellen.

„Ich musste halt abwarten, bis ich spürte, dass es lebte", meinte sie in einem jener seltenen Momente, in denen mir meine sehr betagte Schwiegermutter etwas so Persönliches erzählte. Auch ihre Geschichte nahm ein gutes Ende, und wir haben viel Gutes durch diese damals geborene Tante erfahren. Doch ich war von dieser Stunde an, in der sie mir dies erzählt hatte, neu dankbar für alles, was man beim Frauenarzt für mich tun konnte.

Sechs Wochen musste ich nach der Blutung in strenger Bettruhe auf dem Sofa verbringen. Während dieser Zeit entsandte die Krankenkasse eine Haushaltshilfe als Engel zur Rettung meiner Familie und meiner Schwangerschaft. Levi kam in die Schule und erhielt schnell den Auftrag, Josia stets anschließend im Kindergarten abzuholen. Je nachdem, wie viele Baustellen und Bagger den Brüdern unterwegs begegneten, konnte der Heimweg quer durch den Ort etwas länger dauern … Zum Glück ging diese Zeit vorbei, und ich durfte wieder aufstehen.

Mit meinem Bauch begannen auch meine Freude und meine Zuversicht zu wachsen, dieses Kind einmal in den Armen zu halten. Die Fotos aus dem Weltall des Ungeborenen wurden langsam schärfer.

„Wollen Sie es wissen?", fragte mich meine Frauenärztin in der Praxis, als ich wieder einmal auf der Liege vor ihrem schwarz-weißen Bildschirm lag.

„Ja!"

Natürlich wollte ich das Geschlecht wissen. Auch wenn ich die Antwort schon zu kennen glaubte: ein Mädchen! Sicher würde es eine Tochter werden.

„Jetzt kommt's Mädel!", da war sich nicht nur eine meiner Freundinnen sicher. Klar, nach zwei Jungen würde Gott sicher wissen, was wir im Sortiment noch brauchten.

„Es ist ganz eindeutig", meinte die Frauenärztin und blickte auf die schwarz-weißen Schatten, aus denen ich überhaupt nichts Eindeutiges herauslesen konnte. Ich hob meinen Kopf und kniff die Augen zusammen, in der Hoffnung, etwas zu erkennen.

„Ein Junge!"

„Ein Junge?" Ich sank zurück auf meine Liege und atmete hörbar aus. Damit hatten wir nicht gerechnet. Hanspeter und ich hatten nur über Mädchennamen nachgedacht! So sicher waren wir uns gewesen. Die Frauenärztin zeigte mir am Bildschirm den Beweis.

„Hier sieht man ‚es'!"

In diesem Moment dachte ich an ein Gelübde, das ich Gott einst gegeben hatte. Unzählige Male hatte ich die Geschichte von Abraham und Sarah im Alten Testament gelesen. Immer wieder. Immer, wenn ich traurig war. Ich las, wie Sarah innerlich lachte, als die drei Boten ihrem Mann prophezeiten, dass sie in einem Jahr einen Sohn haben würde. Sie schüttelte ungläubig ihren Kopf hinter der Zeltwand, hinter der sie gelauscht hatte. Schließlich war sie weit über die Wechseljahre hinaus.

„Warum lacht Sarah?", fragte der Bote Gottes streng. *„Sollte für den Herrn eine Sache zu wunderbar sein?"* (1. Mose 18,14; ELB).

„Ich habe nicht gelacht", stritt sie es ab – sicher mit rot glühenden Wangen. Doch es geschah, wie der Engel es gesagt hatte. *„Der HERR wandte sich Sarah zu und machte sein Versprechen wahr, das er ihr gegeben hatte"* (1. Mose 21,1).

Abraham und Sarah nannten das Kind *Isaak* – das bedeutet „Lachen"! Ihr ungläubiges Lachen hatte sich in ein staunendes und dankbares verwandelt.

„Wenn du mir einen Sohn gibst, dann nenne ich ihn auch Isaak!", hatte ich zu Gott gesagt, als ich in irgendeiner Stunde wieder einmal über diesem „Happy End" gebrütet hatte. Zugegeben, die Wahrscheinlichkeit einen Sohn zu haben, erschien mir so unmöglich, wie mir der Name fremd erschien. *Isaak? Wer heißt schon so?* Ich kannte niemanden …

Doch als ich in jenem Behandlungszimmer vor dem Ultraschall von der Existenz eines Sohnes erfuhr, stand mir mein Versprechen klar vor Augen. Gott hatte Wort gehalten. Jetzt waren wir dran. Hanspeter und ich schluckten beide bei dem Gedanken, was es bedeuten würde, unser Gelübde einzulösen.

Ob „Ben-Isaak" ein Kompromiss wäre – oder „Jan-Isaak" oder …? Aber was würde im Alltag als Rufname übrig bleiben? Schließlich rangen wir uns durch: Er wird *Isaak* heißen, *„Lachen"*. So wie versprochen.

Langsam gewöhnten wir uns an diesen Namen. Vor der Geburt sprachen wir mit niemandem darüber, aus Angst, man könnte versuchen, uns umzustimmen.

Eine Woche vor dem offiziellen Entbindungstermin im März war es so weit: Isaak Ben wurde geboren. *Ben* fügten wir noch hinzu, damit er wie seine Brüder einen Zweitnamen haben würde. Gleiches Recht für alle. *Ben* heißt auf Hebräisch schlicht *„Sohn"*. Für uns hatte dieses kleine Wort eine große Bedeutung.

Als ich meinen Sohn zum ersten Mal erblickte, musste ich wirklich lachen. Er war der Familie meines Mannes wie aus dem Gesicht geschnitten. Mir selbst sah er fast so wenig ähnlich wie meine angenommenen Söhne, aber ich hatte ja bereits schon gelernt, dass es darauf nicht ankam.

Unsere beiden Großen überschlugen sich vor Freude. Als ich mit Isaak heimkam, hatten sie mit Hanspeters Hilfe den Eingang und das ganze Wohnzimmer in ein buntes Meer von Wimpeln und Fahnen getaucht. Sie hatten einen Berg von Geschenken aufgebaut und dem neuen Familienmitglied alles Mögliche an Spielsachen eingepackt. Ich musste es stellvertretend für Isaak auspacken. Vor allem ein riesiges Geschenk stach heraus. Ich war gespannt, was darin war: Unter Unmengen von Geschenkpapier kam ein Puppentheater zum Vorschein, das die beiden aus einem Pappkarton für Isaak selbst gebastelt hatten. Leider verschlief der kleine Mann die Uraufführung von Biene und Bär.

Levi, unser Erstklässler, hatte sich auch an einen ersten Liebesbrief gewagt.

„Fon Levi
ich HABD
ichllib
iSAAK"

Der Brief klebt bis heute im Familienalbum. Als Erinnerung an diese erste große Bruderliebe, die in den folgenden Jahren noch geprüft werden sollte. Doch vorerst hatte Isaak seinen Fanklub.

Lediglich bei einer Frage meiner Großen schreckte ich in den ersten Wochen auf.

„Wann bringen wir Isaak ins Kinderheim?"

Levi und Josia sahen mich erwartungsvoll an.

„Aber Jungs, natürlich gar nicht …"

Entsetzt sahen sie mich an.

„Aber warum nicht?", fragte Levi voller Sorge. „Wie können wir ihn sonst von dort abholen?"

Ich brauchte eine Minute, um zu verstehen, dass meine beiden Schätze hier etwas grundsätzlich missverstanden hatten. Kinder …, die holte man nach ihrer Erfahrung im Kinderheim ab, wenn man sie haben wollte. Auf eine andere Idee waren die Knirpse noch nicht gekommen. Man kann mit fünf und sieben Jahren schließlich nicht alles wissen – und für ihr Alter wussten sie ohnehin schon mehr als genug.

Zum besseren Verständnis der neuen Lage besorgten wir jedem der großen Brüder einen Puppenwagen samt Babypuppe. Das Beste daran war, die konnten aufs Töpfchen. Unsere Jungen waren fasziniert von dieser „Technik" und fütterten sie eifrig –

ansonsten war die Puppenbegeisterung schnell vorüber. Puppen stundenlang an- und ausziehen? Im Wagen spazieren fahren? Das ist wohl genetisch nicht vorgesehen … Jedenfalls bestätigten die beiden in Sachen Spielzeug alle Klischees über „typisch" Junge und widerstanden den Versuchen meiner geschlechtsneutralen Erziehung. So zog ich die Puppen in der Regel selbst wieder an, wenn ich sie abends nackt neben ihren gefüllten Töpfchen fand.

Auch der Vater der fünfköpfigen Familie kaufte einen neuen Wagen. Der geliebte rote Variant war zu klein geworden. Die Kindersitze und der Baby Safe mussten vor jeder Abfahrt mühevoll auf die Rückbank gebastelt werden.

Nachdem mein Mann in seiner gründlichen Art monatelang auf der Lauer gelegen hatte, griff er zu und kaufte gebraucht eine neue Familienkutsche. Alle Ersparnisse hatte Hanspeter dafür hingeblättert. Das Traumauto in der Farbe „Mondlichtblau" hatte hinten drei einzelne Sitze, und die Kinder waren deutlich bequemer hineinzupacken. Wir waren sehr zufrieden mit unserem Fünfsitzer, bis wir zwei Monate später feststellten, dass wir die Maße des Autos zu klein geplant hatten.

Ein weiterer Fahrgast hatte es sich unbemerkt in mir bequem gemacht.

10

Alle Mann an Bord!

Auch die kinderlose Frau
befreit er von ihrer Schmach
und macht sie zu einer glücklichen Mutter.
Psalm 113,9

Der Blick aus dem Küchenfenster kann interessanter sein als die Tagesschau. Ich sehe meine Nachbarin. Sie wohnt in einem der Reihenhäuser rechts von uns, die alle etwas erhöht an einem Hang stehen. Die Nummer 1 teilen wir uns mit fünf Familien in dieser Straße – Heinzelmanns haben „1c" und wir „1d". Wie jeden Tag um diese Zeit schiebt Michaela ihren Kinderwagen in Richtung Spielplatz. Sie muss sich dagegenlehnen, um das Gefährt zu bewegen. Schnell geht es mit ihrem Doppelkinderwagen nie voran.

Ganz vorne im Liegewagen ruht der Junior, dicht gefolgt von seiner Schwester im Sitz hinter ihm. Damit nicht genug, steht noch eine Maus auf dem Rollbrett, das am Gestänge hinter dem Gepäcknetz unten angehängt ist. Sie streckt ihren Kopf zwischen Wagen und Schiebegriff hervor und behauptet ihr Recht, ebenfalls mitgeschoben zu werden. Das Gepäcknetz quillt über.

Tag für Tag ist mir dieser Doppelkinderwagen ein Inbegriff von Glück und Kindersegen. Ich schmunzle, wenn ich sehe, wie Michaela auf dem Gehweg vor unserer Häuserzeile anhält, um noch vor dem nahen Spielplatz Getränke und Salzstangen auszupacken, weil ein paar kleine Hände sich nach oben recken. Und ich staune nicht ganz neidlos, mit welcher Selbstverständlichkeit meine Nachbarn ihren Traum von der Großfamilie Kind um Kind in die Tat umsetzen.

Kurz nachdem wir mit unserem einjährigen Levi eingezogen waren, mieteten sie das Reihenhaus neben uns. Als wir einen „Fisch-Aufkleber" auf ihrem Auto entdeckten, freuten wir uns, dass wir mit unseren neuen Nachbarn nicht nur die Hausnummer teilen würden, sondern auch den christlichen Glauben. Neben ihnen zu wohnen, war ein Stück Himmel – nicht nur wegen der Brötchen, die sie uns samstags als Überraschung oft an die Türe hängten.

Mit einem Kind waren sie beim Einzug mit uns an den Start getreten. Doch jeder Versuch, mit ihnen in Blick auf die Kinderzahl in den folgenden Jahren Schritt zu halten, war vergeblich. Sie waren uns schnell ein Kind voraus, bis sie uns schließlich mit sieben Kindern ganz abhängten.

Dennoch erfüllte sich mein heimlicher Wunsch, den ich nicht einmal Hanspeter verraten hatte: ein Doppelkinderwagen!

Der Tag, an dem ich realisierte, dass wir ihn brauchen würden, war der letzte des Jahres, in dem Isaak geboren war. Er war neun Monate alt, als sich der Schwangerschaftstest aus der Apotheke rosa färbte. Dieses Mal brauchte ich keine Unterstützung aus der Frauenarztpraxis, um festzustellen, dass sich meine kühnsten Träume erfüllt hatten: Ich war wieder schwanger. Mein Herz schlug Purzelbäume vor Glück. Noch ein Kind! So lange keines – und jetzt drei innerhalb von vier Jahren? Ich konnte es kaum fassen.

Zugegeben, Hanspeter und ich hatten uns über Familienplanung nach Isaaks Geburt nicht wirklich Gedanken gemacht. Wer fünfzehn Jahre lang auf alle erdenkliche Weise versucht, schwanger zu werden, ist nicht unbedingt Experte für das Gegenteil. Außerdem stillte ich Isaak, was nach manchen Ratgebern als empfängnisverhütend galt – wenn auch mit Einschränkungen.

Da ich ahnte, dass mein Mann nicht unbedingt auf diesen überraschenden Zuwachs eingestellt war, geduldete ich mich und ließ mir das Ergebnis des Schwangerschaftstests vier Wochen später von der Frauenärztin bestätigen.

Wieder wollte ich ganz sicher sein, bevor ich ihm die gute Nachricht eröffnete. Dieses Mal verriet ich ihm nichts am Telefon. Ich legte ihm das Ultraschallfoto verdeckt mit einer Babymütze einfach an seinen Platz, damit er es nach Feierabend finden könnte. Gespannt wartete ich auf den Moment, wenn er die Kappe lüften würde.

„Was ist das?" Entsetzt blickte er mich an. Er war sprachlos – und sofort voller Sorge, da er in den Wochen davor eine Untersuchung mit Röntgenstrahlen gehabt hatte.

„Was, wenn ...", waren seine einzigen Gedanken. Von Freude keine Spur. Ich war enttäuscht und beschloss, mich nicht von seinen Ängsten anstecken zu lassen. Es konnte sich in mir nur um ein weiteres Wunder handeln – da war ich mir sicher!

Wieder war es der befreundete Arzt aus der Gemeinde, Michel Guth, der mit seiner Gelassenheit unsere Freude rettete. Er stammte aus dem nahen Elsass und winkte in französischer Lässigkeit ab, als ihm Hanspeter seine Sorgen berichtete.

„Vertraut auf den Herrn!" Das war alles, was er dazu zu sagen hatte. Wir ahnten nicht, dass unser Vertrauen in den folgenden Wochen wieder einmal mehr geprüft werden sollte, als uns lieb war.

Wie beim vorherigen Mal verrieten wir unser süßes Geheimnis zunächst nur unseren besten Freunden. Dazu gehörte auch meine liebe Nachbarin, die im fünften Monat schwanger war. Sie konnte zwar ihren Doppelkinderwagen nicht entbehren, dafür war sie aber eine gelernte Hebamme und stand mir mit Rat und Tat zur Seite. Schon während der Schwangerschaft mit Isaak hatte ich sie so manches Mal im Nachbarhaus angerufen.

„Ich spüre mein Kind nicht!", hatte ich beunruhigt ins Telefon gejammert.

„Moment, ich komme rüber", hatte stets die geduldige Antwort gelautet. Zwei Minuten später – so lange dauerte der Weg um die Thuja-Hecke, die uns trennte – stand sie in Hausschuhen vor meiner Terrassentür. Mit einem zuversichtlichen Lächeln und ihrem Baby-„Echolot" in der Hand. Sie legte das Hörgerät auf meinen Bauch, meist rumpelte es etwas und dann sagte sie:

„Siehst du, da ist es. Alles bestens. Es hat nur geschlafen."
Und die Welt war wieder in Ordnung.

Ich genoss das Gefühl, wieder „bewohnt" zu sein. Allzu viel Zeit zum Nachdenken blieb mir mit meinen drei Kindern allerdings nicht. Das Leben pulsierte ohne einen Moment der Langeweile. Isaak begann an der Seite seiner Brüder die Welt zu erkunden, robbte durchs Zimmer, kroch in die Spülmaschine und in die Spielzeugkisten der Großen und räumte Mülleimer und Schubladen aus. Ich versuchte daneben am Esstisch mit Levi Lesen und Rechtschreiben zu üben und gleichzeitig Josias Feinmotorik mit Wasserfarben und Knete zu stärken.

Ab und zu schielte ich mitten im Trubel ängstlich auf die 13. Woche, in der ich während der Schwangerschaft mit Isaak die Blutung erlitten hatte. Ich hielt mich mit schwerem Tragen zurück. Immer wenn ich einkaufen ging, betete ich um einen Engel, der mir die vollen Klappkörbe in der Tiefgarage des Supermarktes in den Kofferraum heben würde … Und tatsächlich fanden sich immer ein paar hilfsbereite Arme.

Die 13. Woche verstrich, und es ging mir bestens. Keine Blutung, keine Übelkeit. Ich atmete auf. Nur der Kaffee schmeckte nicht mehr, aber das war zu verkraften. Wir feierten Isaaks ersten Geburtstag und begannen unsere Umwelt an den Gedanken zu gewöhnen, dass wir die Schallmauer von drei Kindern durchbrechen würden.

„Baby an Bord", stand auf einem blauen Sweatshirt, das ich in dieser Zeit besonders gern trug. Zwei kleine Füße waren darauf zu sehen. Etliche beglückwünschten uns. Andere schüttelten den Kopf. Eine Studienfreundin, die selbst drei Kinder mit kurzen Altersabständen großgezogen und dabei studiert hatte, erklärte mich für verrückt.

„Du spinnst! Wie willst du da jemals wieder arbeiten gehen?"

„Das fragst gerade du?", versuchte ich mich zu rechtfertigen. „Jetzt bin ich sowieso mit drei Kindern zu Hause. Da geht das vierte doch in einem ‚Aufwasch' mit."

„Den ‚Aufwasch' möchte ich sehen!", rief sie aufgebracht. Sie sorgte sich ernsthaft um mich – heute ahne ich, warum. Damals sah ich unsere Zukunft in rosa Wölkchen – mit drei blauen Wolken dazwischen.

In der 19. Schwangerschaftswoche zogen jedoch schlagartig Gewitterwolken auf. Kurz nach Ostern erwartete ich Gäste. Vor ihrer Ankunft spürte ich ein starkes Ziehen im Unterleib. Ich griff zum Telefon – die Nummer meiner Nachbarin war bereits eingespeichert …

„Leg dich sofort hin!", klang der Befehl von nebenan. „Sag alles ab!"

Ich schluckte und tat gehorsam, was die Stimme anordnete. Zwei Minuten später stand sie ohnehin an meinem Sofa und sah mit besorgtem Blick auf mich herab.

„Das ist nicht gut", seufzte sie und lagerte meinen Unterleib hoch, um ihn zu entlasten. „Das sind Wehen – viel zu früh! Halte dich ruhig!" Mein Mann, von der Arbeit inzwischen herbeigeeilt, stand betroffen mit den drei Kindern am Wohnzimmertisch.

„Ab heute hinlegen! Und zwar streng!", so lautete auch die Anordnung meiner Frauenärztin.

„Und ab wann darf ich wieder aufstehen?", fragte ich zaghaft. „Ich meine, wie lange muss ich liegen?"

„Bis kurz vor der Entbindung!"

Ich war wie vom Blitz getroffen. *Hatte ich mich verhört? Bis zur Geburt?* Bis zum ausgerechneten Termin Anfang September waren es noch fünf Monate!

Doch es war kein Aprilscherz. Als ich die Praxis an diesem Tag verließ, drehte sich die Straße vor meinen Augen. Ich hatte einen Antrag für die Krankenkasse auf täglich acht Stunden Haushaltshilfe in der Hand – und die Nummer des Sozialen Dienstes. Es war mir, als wäre ich in „Monopoly" auf das gefürchtete Feld in der Ecke des Spielbretts geraten, auf dem stand: „Gehe in das Gefängnis! Begib dich direkt dorthin! Gehe nicht über LOS!"

Fünf Monate strenge Bettruhe in einem Haushalt mit einem Zweitklässler, einem Kindergartenkind und einem Einjährigen? Wie sollte das funktionieren?

„Sie haben ab jetzt nur eine Aufgabe …" Mit diesen Worten wies meine Frauenärztin alle Einwände ab. „Brüten, brüten, brüten!"

Sie gestand mir erst viel später, dass sie zu diesem Zeitpunkt keinerlei Hoffnung für das Kind in mir gehabt hatte.

Auch ich spürte, dass mein heiß erwünschtes Baby ernsthaft in Gefahr war. Doch ich wollte es unbedingt. *Unbedingt!* Also legte ich mich hin. Konsequent.

Mein „Arbeitstag" begann morgens nach dem Aufstehen und Frühstück. Ich nahm mein Kissen und trat auf die Terrasse, atmete durch und legte mich auf eine Liege unter die Äste des Weiden-Tipis in unserem handtuchgroßen Reihenhausgarten.

Und hierbei entdeckte ich einen neuen Aspekt der Versorgung Gottes: Das Wetter in diesem Jahr war vom Frühjahr an ungewöhnlich schön. Ich konnte bereits im April draußen liegen und dem Gezwitscher der Vögel lauschen.

Ursprünglich hatte es mir davor gegraut, meinen dicken Babybauch in den schwül-heißen Sommer der Oberrheinebene hineinzutragen. Doch nun erwies es sich als ein Geschenk Gottes, dass ich dieses Mal in den warmen Monaten „brüten" durfte.

Schweren Herzens überließ ich die Regie in Familie und

Haushalt den verschiedenen Familienhelferinnen, die uns die Krankenkasse schickte. Ich lag nur noch auf meiner Liege, las die Prospekte aus dem Briefkasten und schrieb den Einkaufszettel. Sonst nichts.

Trotz aller Ruhe hörte das Ziehen im Unterleib nicht auf. Hanspeter und ich flehten zu Gott um Bewahrung für unser Kind. In der Nacht vor dem Geburtstag meines Mannes hielten wir die Anspannung nicht mehr aus: Er brachte mich wegen meiner Schmerzen ins Krankenhaus. Dort hängte man mich sofort an einen Tropf mit wehenhemmenden Mitteln. Einsam weinte ich viele heiße Tränen vor Angst, mein Kleines vielleicht nie in den Armen halten zu können. Einmal trat eine indische Krankenschwester in mein Zimmer und betete mit mir. In dieser Stunde wurde sie mir zum tröstenden Engel.

Der Ausblick vom Krankenbett aus auf die Berge des Schwarzwalds erinnerte mich an das Gebet in Psalm 121.

„Ich richte meinen Blick empor zu den Bergen – woher wird Hilfe für mich kommen?

Meine Hilfe kommt vom Herrn, der Himmel und Erde geschaffen hat."

In dieser Hand war auch ich mit meinem Kind.

Die gut gemeinten Worte des Frauenarztes im Krankenhaus dagegen gaben mir weniger Aufwind.

„Nun müssen Sie noch eine Woche durchhalten! Dann ist ihr Kind in der 23. Woche. Ab dann werden Frühchen gerettet."

Ein Kind mit 23 Wochen? Was sollten das für hoffnungsvolle Aussichten sein? Nein, mit solchen Vertröstungen konnte ich mich seelisch nicht über Wasser halten.

„Darauf kann ich nicht hoffen", entgegnete ich ihm. „Mein Kind muss einfach drinbleiben!"

Hanspeter hatte kaum Zeit, mich zu besuchen und wenn, dann hatte er ein Rudel scharrender Kinder dabei. Er war daheim mehr als gefordert, die Familie in Gang zu halten. Ganz zu schweigen davon, dass er nebenher „normal" weiterarbeiten musste. Morgens machte er die Kinder startklar für Schule und Kindergarten, dann wartete er auf die Haushaltshilfe, damit er überhaupt zur Firma losfahren konnte. Allerdings hatte er noch keinen Feierabend, wenn die Stundenzahl der Familienhelferin verbraucht war.

Darum brachte sie nachmittags Isaak zu einer Freundin aus der Gemeinde, die ihn als offizielle Tagesmutter noch mehrere Stunden betreute. Eine andere Freundin in der Nachbarschaft übernahm in dieser Zeit die Großen, während ich tatenlos auf meine Liege verbannt war.

Ich weiß nicht, wie wir die Herausforderungen ohne diese Freundinnen aus der Gemeinde gestemmt hätten. Die Frauen aus der Gemeinde hatten uns abwechselnd bereits nach Isaaks Geburt zwei Wochen lang jeden Tag mit einem frisch gekochten Essen verwöhnt. Unsere Verwandten lebten zu weit entfernt, um in dieser Situation mitanpacken zu können.

In den ersten Wochen hatten wir eine junge Familienhelferin, die mich oft mit Isaak im Krankenhaus besuchte. Ich sehnte mich jeden Tag nach dem Moment, wo sie den roten Buggy mit dem Blondschopf ins Zimmer rollte. Doch es war nicht einfach, den Einjährigen in der Enge des Zweibettzimmers in Schach zu halten. Entweder krabbelte er unter Tisch und Bett hindurch oder turnte auf mir herum. Dennoch konnte ich beobachten, wie er immer geschickter auf seinen Beinchen stand. Immer öfter ließ er sich los und stand kurz schwankend im Raum, bevor er auf den Boden plumpste.

Und dann kam der große Moment, auf den ich so sehr gewartet hatte. Isaak tat die ersten Schritte! Allerdings ohne mich. Ich schluckte im Krankenhaus, als ich feststellte, was ich verpasst hatte. Plötzlich marschierte er vom Buggy zu meinem Bett.

Schweren Herzens ließ ich die junge Frau mit meinem Kind an diesem Tag nach Hause gehen. Ich brachte die beiden ausnahmsweise noch zum Aufzug. Dann schlossen sich surrend die

Stahltüren und ich ging mit Tränen in den Augen zurück zu meinem Bett.

Die 23. Woche der Schwangerschaft brach an, die das Kind in mir in den Status eines rettenswerten Frühchens hob. Ich hielt innerlich die Luft an. „Bitte bleib in mir!", flehte ich mein Ungeborenes an. Es blieb. Nach zwei Wochen durfte ich wieder auf meine Liege im Garten umziehen.

Doch meine erste Freude darüber trübte sich schnell. Mein Jüngster hatte sich mir entfremdet. Ich rief ihn, doch er kam nicht mehr zu mir wie davor. Wenn er sich wehtat, erwartete er keinen Trost mehr von mir. Egal, womit ich ihn lockte, die junge Frau vom Sozialen Dienst war wichtiger. Sie war seine Bezugsperson geworden. Wenn sie ging und die Glastür zwischen dem Wohnzimmer und der Garderobe schloss, stand er brüllend an der Tür. Es schmerzte mich unendlich. Doch ich war hilflos. Verurteilt lag ich mit meinem wachsenden Bauch auf dem Sofa. Mein einziger Trost war, dass ich auf diese Weise wieder mehr Zeit für meine großen Jungen hatte. Die beiden hatten mehr Geduld, sich auf dem Sofa vorlesen zu lassen oder ein Brettspiel zu machen. Und Levi machte seine Hausaufgaben fortan am Wohnzimmertisch.

Wenn mein Mann nach Hause kam, gab es für ihn keine Verschnaufpause. Kaum trat er durch die Tür, hängte sich Isaak quengelnd an sein Bein und ließ ihn nicht mehr los. Isaak bekam Zähne, und jeder Versuch, ihn loszuwerden, war vergeblich. Der brüllende Kleine nach Feierabend wurde für Hanspeter zur nervlichen Zerreißprobe, zumal er nicht zu dem Typ Mann gehörte, der Kinder und Hausarbeit mit Links jongliert. Er schätzte abends seine ruhigen Stunden im Büro des Kellers. Doch davon wusste der Einjährige nichts. Unsere rosa Wolken hatten längst begonnen, sich in Luft aufzulösen.

„Wollen Sie es wissen?", fragte mich die Frauenärztin wieder einmal. Sie hatte den Bildschirm ihres Ultraschallgerätes eingeschaltet und offensichtlich Hinweise auf das Geschlecht meines Ungeborenen erspäht. Während ich ihre Frage bejahte, erblickte ich selbst schon die Antwort. Ich war Expertin geworden. *„Das darf nicht wahr sein …"*, schoss es mir durch den Kopf. Es war jener gleiche Zipfel, den ich schon bei Isaak gesehen hatte und der meine Hoffnung auf eine Tochter schwinden ließ.

Was, wenn es wieder ein Junge ist?

Schon in der Woche davor war mir diese Frage durch den Kopf gegangen. Irgendwie hatte ich es geahnt. Ich dachte an all meine Puppen zurück, denen ich einst nur männliche Vornamen gegeben hatte: *Hartmut* und *Reinhard* und … Ja, ich war gerne eine „Jungenmutter" – auch wenn mich ein Mädchen im Sortiment nicht gestört hätte.

Doch meinen Mann traf die Enthüllung des Verborgenen unvorbereitet.

„Ein Junge?"

Er atmete tief durch und hatte etwas länger an der „Überraschung" zu knabbern, dass alles blieb wie gehabt. Er hatte sich von Beginn unserer Ehe an ein Mädchen gewünscht. Doch wir akzeptierten, dass Gott manche Gebete nicht erhört – und es trotzdem gut macht.

Schließlich siegte die uneingeschränkte Freude auf unseren vierten Sohn auch in seinem Herzen. Zumal wir dankbar waren um jede Woche, in der er länger in meinem Bauch campierte.

Wir beteten über der Frage, welchen Jungennamen wir wählen sollten, und entschieden uns für *Elia*. Das bedeutet: *„Mein Gott ist Jahwe!"* Dieser Name sollte uns daran erinnern, wer für die Wunder in unserem Leben verantwortlich war. Als Zweitname schien uns für unseren zweiten leiblichen Sohn *Ephraim* passend, das heißt auf Hebräisch: *„Doppelte Fruchtbarkeit".*

Elia Ephraim wählte den 27. August aus, um das Licht der Welt zu erblicken. Ich war sofort verliebt in ihn. Von der ersten Stunde an war er ein ausgeglichenes wonniges Kerlchen. Ich genoss die ersten Tage mit ihm allein in jenem Krankenhaus, in dem ich noch vor ein paar Monaten mit ihm unter meinem bangen Herzen gelegen hatte. Als der Kinderarzt, der uns auch sonst in seiner Praxis betreute, auf der Station an den Untersuchungstisch trat, lachte er.

„Hier können wir bereits von einer Spezialisierung sprechen", meinte er in Blick auf unsere vierköpfige Bubenschar. Der Kleine war kerngesund.

Meine Frauenärztin konnte es kaum fassen. Sie schüttelte nur den Kopf und fragte mich künftig in jeder Sprechstunde: „Hätten Sie gedacht, dass Sie einmal so eine große Familie haben würden?"

Ich lachte stets nur als Antwort und schüttelte den Kopf.

Sollte dem Herrn eine Sache zu wunderbar sein?

Ein paar Wochen später stand ich nach dem Gottesdienst bei einer Tasse Kaffee im Foyer mit Elia auf dem Arm. Eine Bekannte kam auf mich zu, die nur ausnahmsweise unsere Gemeinde besuchte, da sie vor einiger Zeit weggezogen war.

„Ist das dein Kind?", fragte sie mich und zog erstaunt die Augenbrauen hoch.

Ich nickte stolz. Sie kannte mich nur aus meiner „Null-Kinder"-Zeit. „Und der und der und der auch", fügte ich hinzu und deutete auf meine Söhne, die im Eingangsbereich herumsprangen.

Sie erbleichte. „Ja, dann ist das ja wahr geworden, was der Pierre zu dir gesagt hat …" Ich sah sie verständnislos an. Doch während ich ihre blassen Züge studierte, dämmerte mir, was sie meinen könnte … *Sprach sie von dem Besuch jenes Gebetsteams aus der Schweiz?*

„Weißt du nicht mehr, wie er zu dir gesagt hat: ‚Du wirst vier Buben haben?'"

Ich erstarrte. Ja, ich erinnerte mich.

Aber diese Worte hatten damals meinen Glauben überstiegen – darum hatte ich sie zur Seite geschoben.

Gott hatte es nicht vergessen und hatte mir wohl extra diese Bekannte vorbeigeschickt, um mich an den Satz zu erinnern, den mir dieser Schweizer laut hörbar vor allen anderen gesagt hatte.

Warum rief Gott mir nun diese Worte ins Gedächtnis?

Wieder lag ein stürmischer Weg vor uns, auf dem es gut war, sicher zu wissen, dass er die Kontrolle über alles hatte. Doch davon ahnten wir in diesem Moment noch nichts. Wir hatten den Gastsprecher damals noch zum Essen eingeladen, und als er unsere Wohnung betreten hatte, bekräftigte er noch einmal: „Ich spüre hier eine Atmosphäre der Mutterschaft. Ich fühle zwei Kinder auf meinem Arm."

In der Tat balancierte ich nun Tag für Tag zwei Kleinkinder rechts und links im Arm die Treppen unseres Reihenhauses auf und ab. Nicht nur die überflüssigen Pfunde der Schwangerschaft schmolzen dahin – ich fühlte mich auch innerlich um Tonnen erleichtert. Unsere wunderbaren Haushaltshilfen gehörten der Vergangenheit an. Ich war froh und dankbar über jeden Handgriff, den ich wieder selbst tun konnte.

Mein Mann baute im Auto einen weiteren Sitz im Kofferraum ein. Nach allen Regeln der Ingenieurskunst ermittelte er die exakten Maße, die der neue Doppelkinderwagen haben durfte, damit er noch ins Auto passen würde. Die Wahl fiel auf einen blauen Doppel-Buggy. Er war mein Traumwagen! Ich ahnte nicht, dass ich mir mit diesem schweren Gefährt eine Sehnenscheidenentzündung einhandeln würde. Jetzt würde endlich alles gut werden, dachte ich – auch wenn sich die rosa Wolken in Blau verwandelt hatten!

In meinem Glück bemerkte ich nicht den dunklen Himmel, der sich über uns zusammenbraute. Als ich Elia eines Morgens wickeln wollte, war der Wickeltisch aufgeschlitzt.

11
Fledermäuse und andere Schatten

„Ach, hätte ich doch Flügel wie eine Taube!
Ich würde davonfliegen
und mich in Sicherheit bringen."
Psalm 55,7

Der unbekannte Kinderarzt schielt mich durch seine Brille an. Ich spüre, er glaubt mir nicht.

„Warum sind Sie nicht gleich zum Arzt?" Seine Blicke bohren sich in mich.

Meine Güte! Was soll ich sagen? Dass ich hier im Urlaub bin und keine Lust hatte zu gehen? Und es satthabe, stundenlang mit kleinen Kindern im Wartezimmer zu sitzen?

Dass dies nicht der erste Bluterguss auf der Stirn meines Sohnes ist, weil er ständig gegen irgendetwas läuft und blaue Flecken im Gesicht hat?

Zugegeben, ich hatte da wohl etwas unterschätzt. Darum saß ich ja nun bei Sonnenschein mitten in den Ferien in dieser Sprechstunde jenes fremden Kinderarztes, während mein Mann mit den drei anderen in irgendeiner Hütte eines Allgäuer Berghanges auf meine Rückkehr wartete. Josia sah aus, als ob er eine Taucherbrille aufhätte.

„Du siehst aus wie eine Eule", hatte ihn ein Bruder geneckt. Doch uns war das Lachen vergangen. Dieses Mal hatte sich die Beule am Kopf in den folgenden drei Tagen in roten und bläulichen Schattierungen über die helle Haut seiner Stirn bis rund um seine Augen ergossen. Er sah furchterregend aus – und gab nicht nur diesem Arzt Anlass zu den schlimmsten Spekulationen.

„Bei so einem Fall würde ich normalerweise auf Kindesmisshandlung tippen." Der Kinderarzt sah mich streng an und notierte etwas. Mir wurde heiß und kalt zugleich.

Würde er uns anzeigen? Würde das Jugendamt kommen und mir das Kind wegnehmen? Tiefe Ängste, meine Kinder zu verlieren, griffen wieder nach mir.

„Aber ich kann nichts anderes sagen", beteuerte ich noch einmal. „Die Kinder haben es mir so erzählt."

Levi und Josia hatten den Auftrag gehabt, Holz hinter der Almhütte zu holen. Wir wollten am Abend den Kachelofen anheizen. Die Septembernächte im Ferienhäuschen wurden bereits kühl. Ich schürte schon den Ofen. Plötzlich hörte ich einen Schrei vor der Hütte. Es war Josias Stimme. Und ich ahnte sofort, was los war. Levi hatte ihm wieder einmal wehgetan. Ich seufzte, atmete durch und beschloss, nicht sofort loszurennen. Sollten die Jungen es erst einmal unter sich klären …

Streit zwischen den beiden war schließlich an der Tagesordnung. Die Rivalitäten endeten meistens damit, dass einer brüllte. In der Regel war es Josia. Levi verteidigte seine Stellung als Ältester mit Nachdruck – notfalls mit Gewalt.

Wenn wir spazieren gingen und die Kinder voraussprangen, ertrug er es nicht, dass ihn der sportliche jüngere Bruder überholte. Levi achtete sorgfältig darauf, dass Josia hinter ihm lief oder radelte. Alles Zureden und Vermitteln unsererseits verhallte ungehört. Es gab eine feste Rangordnung im Rudel, und unser Ältester wachte streng darüber, der Leitwolf zu sein.

Das Geschrei vor der Tür hörte nicht auf. *Also doch besser mal nachsehen,* dachte ich und trat vor die Hütte. Die Holzscheite lagen am Boden verstreut. Josia hielt sich jammernd die Stirn. Levi stützte ihn mit besorgter Miene.

„Ihm ist ein Tier an die Stirn geflogen!"

„Ein Tier?"

„Ja, plötzlich hat es ‚peng' gemacht!"

Josia nahm seine Hand von der Stirn. Eine Beule – länglich und groß wie eine Walnuss – schwoll an seiner Stirn zwischen seinen Augen hervor. In der Zwischenzeit kam auch mein Mann heraus. Wir rätselten, was unserem Sohn zugestoßen war.

„Es war eine Fledermaus!", meinte Levi. Josia nickte.

Ich sah meinen Mann an. Möglich war es – in der Dämmerung hatten wir schon oft auf der Bank vor der Hütte die schwarzen Tiefflieger beobachtet, die im Sturzflug auf Insektenjagd waren. Wie flüchtige Schatten waren sie kaum mit dem Auge zu verfolgen. Doch sie waren klein … und scheu und geschickte Flieger. Sollte wirklich einer von ihnen mit solcher Wucht an Josias Stirn geprallt sein?

„Vielleicht ein größerer Vogel", überlegte Hanspeter. Wir begannen sämtliche verdächtige Vögel durchzugehen … Eule? Elster? Rabe?

„Irgendwie so etwas!", bestätigte der ältere Bruder.

Ich hatte noch nie von einem Vogelunfall dieser Art gehört.

„Und das warst nicht du, Levi?" Ich zog eine Augenbraue hoch und musterte meinen Großen streng. „Hast du ihm ein Stück Holz an den Kopf geworfen?" Er schüttelte den Kopf mit den unschuldigsten braunen Augen der Welt. Der Blondschopf neben ihm schüttelte ihn ebenfalls.

„Nein. Es war ein Tier", beharrten sie beide. Ich wusste nicht, woran ich war. Wie so oft.

Der Vorfall gehörte lange zu den „ungelösten Fällen" unserer Familie, bis unsere Großen rund zehn Jahre später als Jugendliche die Wahrheit ans Licht brachten. Levi hatte Josia einen großen Ast an den Kopf geschlagen und ihn beschworen, nichts zu verraten.

„Aktenzeichen XY ungelöst" – wir hätten viele Jahre ganze Bände nach dem Motto füllen können. Kaum waren unsere vier ersehnten und erkämpften Wunschkinder um unseren Tisch versammelt, unterwanderte die Eifersucht unseren Traum von der harmonischen Großfamilie.

Täglich fanden sich zerstörte Dinge im Haus, die Wahrheit war nicht feststellbar. Das Gefühl, belogen oder bestohlen zu werden, hinterließ einen bitteren Nachgeschmack. Es verschwanden Süßigkeiten und Geld, aber auch Konservendosen, die leer gelöffelt in dunklen Ecken muffelten. Doch der Täter blieb ein Phantom so wie die flüchtige Fledermaus.

Ich stieg in die Dusche und kam heraus – ein Schnitt war in meinem Pullover. Ich deckte den Tisch – jemand hatte die Tischdecke mit einem Loch verziert. Ich schlüpfte in meine Schuhe – ein Teppichmesser hatte seine Spuren hinterlassen. Das gleiche Werkzeug hatte bereits der Babypuppe zwei Tage zuvor den Kopf gespalten. Das Auto war zerkratzt, die Tische sowieso, die Fensterrahmen ebenfalls … Wir sammelten fieberhaft alle Scheren und Messer im Haus ein, schlossen alle spitzen Gegenstände und Wertsachen weg. Schließlich begannen wir ganze Zimmer abzuschließen und wehrten uns gleichzeitig gegen das Gefühl, nicht sicher im eigenen Haus zu sein.

Sämtliche Dinge, die den „Kleinen" zugeordnet waren, wurden Zielscheibe der heimlichen Zerstörungswut. Der Hochstuhl war genauso aufgeschlitzt wie der Kinderwagen. Zweimal bezogen wir die Auflage des Wickeltisches über der Badewanne neu – dann gaben wir auf und legten ein Handtuch darauf. Etliche Babykleider waren mit kleinen Schnitten durchlöchert. Einmal hatte ich ein paar T-Shirts neu bestellt. Kaum hatte ich sie ausgepackt, fand ich sie einen Moment später zerschnitten. Es war, als wollte mich jemand in den Wahnsinn treiben. Unser Alltag hatte sich in einen „Horrortrip" verwandelt.

Ich fühlte mich wie in einer Geisterbahn – ich wusste nie, was mich um die nächste Ecke an Schrecken erwartete.

Wir fühlten uns hilflos und ohnmächtig. Keiner konnte uns einen Rat geben, wie wir als Eltern auf die Vorfälle reagieren sollten. Also versuchten wir alles Mögliche.

Wir befragten endlos die beiden Hauptverdächtigen, setzten sie unter Druck, in der Hoffnung, sie würden gestehen.

„Der Fernseher geht erst wieder an, wenn …"

„Nutella gibt es erst wieder, wenn …"

Vergeblich. Unsere erpressten Geständnisse erwiesen sich immer wieder sogar als falsch. Wir wurden solcher Drohungen müde. Und unsere Kinder auch.

„Dann war ich's halt", sagte Josia oft, damit der Fernseher wieder lief. Erst Jahre später konnten wir klären, wie oft er sich die Schuld von seinem eifersüchtigen Bruder in die Schuhe hatte schieben lassen.

„Das mit der leeren Parfumflasche – das war ich", beichtete Levi im Alter von siebzehn Jahren die Ursache einer mehrtägigen Duftwolke im Badezimmer. Ein volles Fläschchen war dabei verdunstet … Vor Gericht wäre der Vorfall wohl verjährt gewesen. Die Konsequenzen getragen hatte damals Josia.

„Wenn du es verrätst, dann spucke ich auf die Treppe und sage, dass du es warst!" Mit Sätzen dieser Art machte der große Bruder den kleineren oft gefügig. Doch wir ahnten nichts von den Machtspielen unter den Geschwistern.

Wir versuchten es zunächst auf liebevolle Art, redeten den Kindern ins Gewissen, setzten die beiden abwechselnd auf den „blauen" Stuhl vor der Glastür, in der Hoffnung, sie würden „eine gute Entscheidung" treffen. Doch die Tipps der Erziehungsprogramme für Familien liefen ins Leere. Wir ließen die Regeln aufschreiben wie Strafarbeiten in der Schule. Es produzierte nur Frust statt Frucht.

Ich griff zu vorsintflutlichen Methoden … schimpfte, schrie und tobte – erfolglos. Irgendwann vereinbarte ich mit meinem Mann, mich aus dem Geschehen zu ziehen, falls ich drohte, die Beherrschung zu verlieren. Er schob mich mehrmals aus dem Zimmer. In seltenen Fällen wendeten wir die Vereinbarung auch umgekehrt an. Meist war ich froh, Hanspeter mit seiner besonnenen Art an meiner Seite zu haben – wenn er da war. Oftmals war ich mitten im Chaos mit den vier Kindern allein. Da sein Arbeitgeber ihn in jener Zeit noch an einem anderen Standort brauchte, war er zusätzlich viele Stunden abwesend. Manchmal übernachtete er sogar auswärts.

Ein Psychologe riet mir, alle Untaten meiner älteren Söhne zu ignorieren – das war für mich die schlechteste Methode. Ich meinte damals vor Wut explodieren zu müssen und bekam Bauchschmerzen.

Inzwischen allerdings behelfe ich mir übrigens öfter mit dieser Strategie. Ich jage nicht mehr jeder Schieflage hinterher. Irgendwann erkannte ich beim Lesen der Bibel, dass es nicht mein „Job" ist, Menschen von ihren Sünden zu überführen. Es ist die Aufgabe des Heiligen Geistes. Als mir das klar wurde, begann ich gelassener zu werden. Im Ernstfall drücke ich zwar in Worten aus, dass mich eine Sache verletzt hat, aber ich betätige mich nicht mehr als Kriminalkommissarin. Ich gebe die schwierigen Fälle ab an meinen „himmlischen" Anwalt. Viele hat er schon erfolgreich für mich gelöst.

Manchmal versuchte ich auch, all die Vorfälle aufzuschreiben, die sich Tag für Tag ereigneten, um sie zu verarbeiten. Doch immer wieder warf ich die Aufzeichnungen weg, da mich die Sündenregister emotional ins Tiefkühlfach zogen. Stück für Stück begannen die Ereignisse meine liebevollen Gefühle für meine Kinder einzufrieren – vor allem gegenüber meinem zweitältesten Sohn Josia, der mir der Haupttäter zu sein schien.

„Du machst das Kind kaputt", warnte mich meine Mutter einmal, als sie mitbekam, wie es bei uns in der Familie zuging. Ich war verzweifelt. Schuldgefühle plagten mich. Ich hatte das Kind nicht adoptiert, um es erneut zu traumatisieren. Doch ich fühlte mich gelähmt in meiner Mutterliebe. Ich empfand nichts mehr für ihn. Es war ein furchtbarer Zustand.

Hanspeter versank in seiner Arbeit – und zog sich auch daheim mehr und mehr in sein Büro zurück. Wir verloren uns als Ehepaar in dieser „Elternzeit" immer mehr aus den Augen. Auch ich hatte mein Schneckenhaus und klammerte mich an mein Stillkind, das sich über zwei Jahre gar nicht mehr entwöhnen lassen wollte.

Längst hatte Elia seine Marktlücke entdeckt. Bereits als Baby war er tagsüber völlig anspruchslos gewesen. Bis zu sechs Stunden konnte er mitten im Trubel schlafen. Wenn er wach war, saß er zufrieden in seiner Babywippe, brabbelte und sah dem bunten Treiben zu. Darüber vergaß er in den ersten acht Monaten sogar, sich drehen zu lernen. Wozu auch sich anstrengen? Es war ja auch so genug Unterhaltung geboten.

Nachts jedoch beanspruchte er den „Mama-Service" für sich – alle ein bis zwei Stunden war er ein treuer Kunde. Ich staunte, mit wie wenig Schlaf man überleben kann.

Mit der Zeit spürte ich jedoch, wie sich mein innerer „Akku" leerte. Hinzu kam, dass ich seit der Schwangerschaft im Liegen nicht mehr ohne Schmerzen sitzen konnte – geschweige denn Fahrrad fahren oder Ähnliches. Etliche meiner Muskeln hatten sich während der viermonatigen Liegezeit in Luft aufgelöst. Ich beantragte eine Mutter-Kind-Kur in einer christlich ausgerichteten Klinik.

„Na, da erholt sich vor allem der Mann", lästerten die Erzieherinnen im Kindergarten, als sie hörten, dass ich mit vier Kindern an die Nordsee wollte. Doch ich hatte nur noch den Drang, zu flüchten, um all dem Druck zu entkommen.

Meine Schwägerin begleitete mich auf der Zugreise in den Norden. Kaum hatte ich mich von ihr verabschiedet und die Koffer in der Kurklinik ausgepackt, ging es auch schon drunter und drüber. Der Wasserhahn war demontiert, der tragbare CD-Player durchgebrannt und ein Schranktürchen ausgehängt. Die Kleinen brüllten, die Großen waren in den Gängen der

Klinik spurlos verschwunden. Ich stürzte ans Telefon, um meine Schwägerin anzuflehen, zurückzukommen, um einen der beiden Großen wieder mitzunehmen. Doch es war zu spät. Ihr Zug ratterte bereits wieder Richtung Süden.

Verzweifelt saß ich zwei Tage später beim Psychologen der Kurklinik. Ich erzählte ihm meine Geschichte, meine Probleme – vor allem mit der Zerstörungswut meines zweiten Sohnes. Einfach alles. Still hörte mir der Arzt mit dem schweizerdeutschen Akzent im hohen Norden zu. Als ich endlich schwieg, sah er mich ernst an.

„Haben Sie schon daran gedacht, das Kind abzugeben?"
Wie bitte?
Tränen schossen mir in die Augen. Ich schüttelte den Kopf.
Nein, daran hatte ich bis zu jener Stunde nicht gedacht. Ich hatte das Kind nicht angenommen, um mich von ihm zu trennen. Mit meinem Mann hatte ich ihm vor Gericht lebenslange Treue geschworen. Geschockt über die Frage, verließ ich mit verweinten Augen das Zimmer. Und doch war ich nicht mehr dieselbe.

Alles hatte sich durch diese Frage verändert. Ich fühlte mich nicht länger mehr nur allem ausgeliefert. Dieser beherzte Arzt hatte mich aus meiner Opferrolle geholt. Ich wusste, ich musste auf seine Frage in diesen Tagen der Kur eine Antwort finden. Und es war mir freigestellt, „Ja" oder „Nein" zu sagen. Nur in dieser Freiheit konnte ich mich neu für mein Kind entscheiden.

In den nächsten Tagen wurde dieser Arzt von seinen Kollegen scharf kritisiert. „Wie kannst du so etwas zu einer Mutter sagen?", musste er sich bei der Teambesprechung vom Kinderarzt anhören, wie er mir erzählte. Dieser Kinderarzt entschuldigte sich für die Äußerung seines Kollegen bei mir. Doch ich nahm den alten Psychologen in Schutz. Ich spürte, dass Gott ihn benutzt hatte, um zu mir zu reden.

Mit meiner großen Kinderschar hatte man mir die größte Wohnung im obersten Stockwerk des Klinikgebäudes gegeben, von deren Balkon aus man weit auf das Meer und die ostfriesischen Inseln hinausschauen konnte. Ich atmete durch in der Stille des ungewohnten Gefühls, keine Kinder um mich zu haben. Während sie in der Kinderbetreuung waren, saß ich anfangs wie betäubt auf dem Balkon und blickte kraftlos über den Deich und die Dünen nach Juist und Norderney. Abends bestaunte ich, wie die Sonne in einer Palette von roten und gelben Tönen im Meer versank, und morgens wurde ich vom grellen Sonnenlicht geweckt.

„Du bist ein Gott, der mich sieht", so ging es mir an einem Morgen auf dem Balkon durch den Kopf. *Woher nur kannte ich den Satz?*

Meine Suche führte mich in der Bibel auf die Spur einer ägyptischen Sklavin im ersten Buch Mose (1. Mose 16,13).

Ich fand die Frau zwischen den abgegriffenen Seiten meiner Bibel, auf denen die Geschichte von Abraham und Sarah erzählt wird, die ich so oft gelesen hatte. Doch dieses Mal interessierte mich die Nebendarstellerin mehr: Hagar, Sarahs Dienerin, war ursprünglich als Notlösung angeheuert worden und hatte Abraham einen Sohn geboren. Doch als der verheißene Isaak geboren war, befahl Abraham ihr, mit ihrem Sohn Ismael das Lager zu verlassen.

Ich irrte mit Hagar durch die Wüste. Das Kind auf dem Rücken. Auch mich drückte die Last meines Sohnes – vor allem meines zweiten. Auch mir war das Wasser für unterwegs längst ausgegangen. Entkräftet warf ich mit Hagar den Jungen unter einen dürren Strauch.

„Ich kann nicht mit ansehen, wie mein Kind stirbt!", weinte sie.

Endstation einer Mutter.

Warum las ich immer wieder exakt meine Geschichte in der Bibel? Wie war sie dort hineingekommen?

„Gott aber hörte den Jungen schreien."

An diesem Morgen drang der Zuruf Gottes an Hagar zu meinem eigenen Herzen vor.

„Warum weinst du, Hagar?"

Ich setzte meinen eigenen Vornamen ein. Mit dieser Anrede schrieb ich mir den Vers in mein Tagebuch. *„Fürchte dich nicht! Steh auf, nimm den Jungen, und fasse ihn mit deiner Hand! Denn ich will ihn zu einer großen Nation machen"* (1. Mose 21,18; ELB).

Ich tat, was ich las: Ich stand auf und fasste mein Kind neu an der Hand. Gott war noch nicht am Ende. Er hatte Gutes vor mit meinem Sohn. Daran halte ich fest – bis heute.

In der Geschichte öffnet Gott dieser Sklavin die Augen, und sie sieht einen Wasserbrunnen. Hagar füllt ihren Wasserbeutel für unterwegs – und findet einen Lebensweg für sich und ihren Sohn mitten in der Wüste.

Gestärkt durch dieses Reden Gottes kam ich nach drei Wochen aus der Kur nach Hause. Hanspeter und ich begannen Ausschau zu halten nach allen „Wasserquellen", die sich uns boten. Wir nahmen die verlängerten Betreuungszeiten für Schulkinder in Anspruch, sodass ich zum Mittagessen nur die beiden Jüngsten versorgen musste. Ich entschloss mich – entgegen meiner Ideale – meinen Jüngsten, Elia, mit zwei Jahren ebenfalls in den Kindergarten zu geben.

Als Ehepaar nahmen wir Seelsorge sowie Beratungsangebote in Anspruch und besuchten Fortbildungen für Pflege- und Adoptiveltern, die von der Adoptionsbehörde im Landratsamt organisiert wurden. Mit der Unterstützung von tüchtigen „Babysitterinnen" aus unserer Gemeinde, die vier Kinder auf einen Streich schulterten, gelang es uns manchmal sogar, als Ehepaar ein paar Stunden ungestört zu genießen.

Ein Rettungsanker war auch die Selbsthilfegruppe für Adoptiveltern, die in dieser Zeit in unserer Region entstand. Bereits auf der Fahrt dorthin tröstete mich der Austausch. Schnell war ich von meinen Sorgen „geheilt", wenn ich hörte, welche Päckchen andere zu schultern hatten. Einmal beklagte ich mich, weil ein unbekannter Täter mit Styropor mein frisch geputztes Wohnzimmer in eine Schneelandschaft verwandelt hatte. Heute lache ich darüber – damals fand ich es nicht witzig.

„Was, Sie haben Probleme mit Ihrem Kind, weil es die frisch geputzte Wohnung beschmutzt?", meinte die alte Dame, die als Psychologin ehrenamtlich die Runde moderierte. „Besorgen Sie sich eine Haushaltshilfe!"

Ich setzte ihren Vorschlag um, obwohl ich „Hausfrau" war. Es kratzte kräftig an meinem Stolz, zeigte aber entspannende Wirkung.

Die Selbsthilfegruppe war ein Ort, an dem mich niemand anklagte, egal was ich über mich und meine Kinder berichtete. Hier wusste es keiner besser. Jeder kannte diese Mischung von Überforderung und Ohnmacht sowie diesen leidigen Perfektionismus, als Eltern   besonders Adoptiveltern   alles „richtig" machen zu müssen.

„Ich wollte meinen Kindern doch eine ‚gute' Mutter sein", beteuerte ich einmal.

„Wir sind als Mütter nur ausreichend gut", antwortete mir die Psychologin in mütterlichem Ton und lächelte in die Runde. „Ausreichend gut – das genügt."

Ihre Worte halfen mir. Ich verstand, es kam für Gott nicht darauf an, dass ich alles richtig machte. Wir hatten uns ihm als Eltern zu Verfügung gestellt mit unseren Stärken und Begrenzungen. Das war für ihn ausreichend, weil er die Macht hat, den Rest hinzuzufügen.

Nicht mehr ausreichend für eine sechsköpfige Familie war in der Zwischenzeit allerdings unser kleines Reihenhaus mit der Nummer 1d. Unsere Nachbarn aus der „1c" waren schon längst nach dem vierten Kind ausgezogen und hatten sich ein größeres Nest gebaut.

Mir graute allein schon vor dem Gedanken an einen Auszug,

wenn ich die Ecken betrachtete, die wir alle systematisch mit unseren Dingen und Kindern vollgestopft hatten.

„Wie sollen wir da bloß wieder herauskommen?", rätselte ich.

Wir versuchten ein Haus in der Nachbarschaft zu kaufen – doch es misslang.

Inzwischen hatte die Firma meines Mannes zu drängen begonnen. Sie wollte Hanspeter am Standort in Stuttgart einsetzen. Dies stellte uns vor neue Rätsel. Wie sollte man mit sechs Personen eine bezahlbare Unterkunft in dieser Region bekommen?

Hinzu kam, dass der Hausarzt bei meinem Mann einen „Burn-out" diagnostizierte. Hanspeter war durch die Herausforderungen in Beruf und Familie völlig ausgebrannt. Und in dieser Situation sollten wir mit vier Kindern umziehen? Nach Stuttgart?

Verzweifelt begann sich mein Mann bei seinen Vorgesetzten gegen die Pläne für seine Versetzung zu wehren. Ohne Erfolg.

Wir ahnten nicht, dass die Sattelschlepper der Spedition mit den starken Männern schon bereitstanden, die uns zu rettenden Ufern bringen würden.

Und alle Rechnungen dafür waren schon bezahlt.

12
Engelsflügel und Elefantentanten

„Nimm das Kindlein mit
und stille es mir.
Ich will es dir lohnen!"
2. Mose 2,9; LUT

Der Geruch von frischem Heu sticht uns in die Nase. Wir brauchen Stroh für unsere beiden Hasen und folgen der Bäuerin durch das Stalltor, das sich quietschend vor uns öffnet. Es ist düster in der Scheune. Hinten steht ein Anhänger. Davor wartet ein mannshoher Berg von Meerrettichknollen auf dem Lehmboden auf fleißige Hände.

„Bedient euch!" Die Bäuerin schneidet den Strick auf, der einen Strohballen neben der Bretterwand zusammenhält. Sie gibt uns einen braunen Sack, da mein Einkaufskorb für Stroh zu klein ist. Plötzlich lässt uns ein durchdringendes Geräusch aufblicken. Über uns maunzt es erbärmlich. Unsere Augen folgen der Leiter, die an der Bretterwand lehnt, hoch zu dem Heuboden, der über dem Scheunenraum als Zwischenebene eingezogen ist. Drei kleine Katzengesichter sehen zu uns herab und schreien um ihr Leben. Fragend blicken wir die Bäuerin an.

„Ach, die haben Hunger. Die wollen Milch mit Haferflocken …"

„Wo ist die Mutter?"

„Die Alte hat sie verlassen. Die ist oft unzuverlässig. Jetzt versuche eben ich sie durchzubringen. Aber es sind nur Herbst-

katzen, mal sehen …" Für unsere Bekannte gehört der verstoße-
ne Nachwuchs zum Alltag auf dem Bauernhof. Doch Levi, Josia
und Isaak schmelzen dahin.

„Mama", wagt Levi einen Vorstoß. „Könnten wir nicht …"

„Ja, bitte!", ruft Josia.

„Genau!", pflichtet Isaak bei.

Ich bin eingekeilt zwischen flehenden Katzenaugen oben und
bittenden Kinderaugen unter mir.

„Ich weiß nicht", zögere ich und denke daran, dass mein
Mann bei Fragen des Familienzuwachses gefragt werden will.

Die drei Kätzchen maunzen weiter. Unglaublich, wie sich die
Katzenmäulchen dabei aufsperren – sogar weiße Zähnchen blit-
zen hervor. Meine Kinder und vielleicht auch das lautstarke Trio
spüren, wie ich weich werde …

„Also gut, aber nur eines. Und wenn Papa dagegen ist, bringen wir es wieder zurück." Alle nicken, auch die Bäuerin. Sie
steigt die schwankende Leiter hoch und holt eines nach dem
anderen herab. Liebevoll nimmt Levi das erste auf den Arm,
Josia das zweite, das dritte entkommt … Sie sind noch so klein,
dass sie mühelos in zwei Kinderhände passen. Jedes flauschige
Knäuel wird auf jedem Arm zur Probe gestreichelt.

Der Anblick von drei entzückten Kindern und drei schnur-
renden Kätzchen in einer Scheune ist für ein Mutterherz eine
unwiderstehliche Mischung. Ich ahne, dass ich einen Ehekrach
riskiere.

Die Kinder entscheiden nach langer Diskussion, welches der
im Prinzip gleich aussehenden Kätzchen bei uns einziehen soll.
Alle sind braun-schwarz gestreift. Wir nehmen ein Mädchen.
Wenigstens ein weibliches Wesen mehr im Haus, denke ich. Wir
setzen sie in den Einkaufskorb und fahren heim.

Wie gut man sich doch kennt nach ein paar Jahren Ehe!

Hanspeter war stinksauer über meine eigenmächtige Entscheidung und wollte sich nicht mit dem neuen Hausgenossen

anfreunden. Aber er hatte nicht mit dem Eifer der Kinder ge-rechnet.

„Wir sind die Katzenretter!", brüsteten sich die vier voller Stolz und Freude. Sie tauften das Kätzchen *Sissi*, und sie wur-de schnell zur Kaiserin der Herzen. Das anhängliche Ding war noch keine sechs Wochen alt, und wir mussten ihr Katzenmilch besorgen. Auch der Besuch beim Tierarzt kostete eine Stange Geld. Mein Mann grummelte.

„Gut, wir bringen die Katze wieder zurück", lenkte ich nach ein paar Tagen ein. „Aber du sagst es den Kindern." Auf die-se Weise schob ich Hanspeter den „Schwarzen Peter" zu. Mein Mann durchschaute den Plan.

„Ach, jetzt soll ich der Böse sein? Das geht nun natürlich nicht mehr …", seufzte er und gab sich angesichts der glück-lichen Katzenretter geschlagen.

Sissi fuhr unterdessen im Puppenbuggy spazieren und jagte Tischtennisbällen und anderem Krimskrams aus der Spielzeug-kiste hinterher. Vor allem vor Elias Liebesbeweisen musste sie immer wieder gerettet werden. Schließlich versöhnte sich auch Hanspeter mit der Kaiserin und wurde einer ihrer innigsten Ver-ehrer.

Doch während Sissi bei uns Heimat fand, wurde immer deut-licher, dass unsere Zeit in diesem Reihenhaus abgelaufen war. Mein Mann arbeitete bereits an seiner neuen Stelle in Stuttgart und verbrachte dazwischen viele Stunden auf der Autobahn. Dennoch gewöhnten wir uns nur widerwillig an den Gedan-ken, unsere Freunde sowie diese schöne Gegend zwischen Rhein und Schwarzwald zu verlassen. Lustlos sahen wir uns nach einer Wohnmöglichkeit in der Nähe des neuen Arbeitsplatzes um. Alles war unerschwinglich teuer. Doch im Himmel gab es längst eine Idee, wie wir – ähnlich wie unser Kätzchen – an einen besseren Ort verpflanzt werden sollten.

Ein Hoffnungsschimmer erschien am Horizont.

„Hanspeter, du hast doch eine Schwester in der Nähe von Stuttgart", fiel mir eines Tages ein. Es folgten zahllose Gespräche und Überlegungen, bis sich herauskristallisierte, dass wir wirklich auf dem Anwesen, auf dem sie lebte, ein Haus bauen könnten. Der ehemalige Bauernhof gehörte einer Gemeinschaft von zum Teil hochbetagten Eigentümern, die alle Christen und hilfsbereite Menschen waren.

Während des letzten Krieges hatte der ehemalige Besitzer im Schützengraben Gott geschworen, ihm dieses Gelände zu weihen, wenn er ihn heil nach Hause bringen würde. Er überlebte in Kriegsgefangenschaft, indem er als Maler viele seiner Feinde porträtierte. Eigentlich hatte dieser tiefgläubige Bauernsohn Kirchenmaler werden wollen, und in der alten Scheune fanden wir viele seiner Bilder. Eines davon, mit einem eindrucksvollen Kreuz im Sonnenaufgang, hängt heute in unserem Wohnzimmer.

Sein Traum war es gewesen, dass in dieser großen Scheune einmal Gottesdienst gefeiert werden würde. In der Zwischenzeit gehört der Hof einer Eigentümergemeinschaft. Alle Mitglieder mussten uns zuerst ihr „Ja" geben, damit wir auf diesem Land bauen durften. Und das in aller Form. Es begann ein komplizierter Papierkrieg, bei dem es zahllose Unterschriften quer durch Deutschland zu sammeln galt.

Zunächst jedoch war diese Stadt in der Nähe von Stuttgart für uns keine Liebe auf den ersten Blick. Wer an den Anblick von badischen und elsässischen Fachwerkhäusern gewöhnt ist, findet nicht unbedingt Gefallen an Hochhäusern und endlosen Straßenzügen, auch wenn es in der Mitte der Stadt irgendeinen kleinen See mit Ruderbooten gibt.

„Herr, ist es dein Wille, dass wir dahin ziehen?", so fragten wir Gott immer wieder. Lange hatten wir innerlich keine Antwort. Bis mir eines Tages ein schlichter Satz durch den Kopf ging, der bei so viel Abneigung gegen den Umzug nicht aus mir selbst stammen konnte.

„Ihr werdet diese Stadt lieben!"
Hatte Gott mir das ins Herz geflüstert?

Im Vertrauen darauf, dass es so war, gab ich mir einen Stoß und begann mich auf die Idee einzulassen. Meinen Mann überzeugte vor allem das Argument, dass am neuen Wohnort seine Schwester neben uns wohnen würde. Längst war uns klar, dass wir Hilfe brauchten. Renate hatte mir stets meisterhaft die Wäschestücke geflickt, in die das Phantom hineingeschnitten hatte ... Sie signalisierte die Bereitschaft, uns unter die Arme zu greifen.

Wir alle ahnten nicht, dass sie in den kommenden Jahren Unglaubliches für uns und vor allem für unseren zweiten Sohn leisten würde.

Jeden Nachmittag machte er bei ihr die Hausaufgaben im Nachbarhaus. Als er im Gymnasium war, saß sie nicht selten spätabends über den Schulbüchern, um ihm tagsüber helfen zu können.

„Wir müssen eben wie die Elefanten mit breitem Hintern um den Nachwuchs stehen", sagte sie lachend zu mir, wenn ich ihr für ihren Einsatz dankte. Die Dickhäuter inspirierten sie mit ihrem Beispiel dazu. „Bei einer Geburt stellen sich alle Elefanten einer Herde im Kreis um das Neugeborene, bis das Kleine kräftig genug ist, seinen Weg zu gehen. Ich bin eben so eine Elefantentante ..."

Auch die Großeltern stellten sich mit in die Runde. Vor etlichen Englischarbeiten schickte ich Levi über das Wochenende mit dem Zug zu Oma und Opa. Versüßt durch ein „Doping" von Chips und Cola büffelte meine Mutter stundenlang mit ihrem Enkel die Lektionen und Vokabeln durch. Im Alltag war es mühselig, mit ihm beim Lernen „am Ball" zu bleiben. Bereits der Blick in seinen Ranzen genügte, dass mir die Luft wegblieb. Blätter fanden nur schwer den Weg in den richtigen Ordner. Wie eine glitschige Seife wich mein Ältester allem aus, was nach Schule roch.

Ich weiß auch aus dem Gespräch mit anderen Adoptiveltern, dass mit der Einschulung die Herausforderungen größer werden können. Viele angenommene Kinder sind in Blick aufs Lernen keine „Selbstläufer". Die Wunde der Frühtraumatisierung raubt ihnen oft das Selbstvertrauen und die Kraft für schulische Erfolge, und sie bleiben – ohne Unterstützung von außen – hinter ihren Möglichkeiten zurück. Auch Levi kostete uns in dieser Hinsicht so manchen Schweißtropfen.

„Aber wir haben uns doch die Kinder so sehr gewünscht", sagte Hanspeter manchmal zu mir, wenn ich wieder einmal stöhnte.

„Ja, wir leben unseren Traum. Nur ... ich hatte es mir etwas anders vorgestellt", gab ich dann zu.

Am meisten machten mir meine Schuldgefühle gegenüber Josia das Leben schwer.

„Ach, reden Sie nicht von Schuld. Das ist nicht hilfreich", versuchte eine Familientherapeutin mir meine Schuldgefühle auszureden – doch mein Herz blieb taub und schwer.

Ich kannte nur einen Ort, wo ich sie loswerden würde.

Darum fuhr ich allein in ein Seelsorgezentrum im Hochschwarzwald, um mein Leben in Ruhe vor Gott zu sortieren.

Im Saal stand ein Kreuz. Beim Angebot, die Lasten abzulegen, kniete ich dort nieder. Lange weinte ich über allem, was mir als falsch vor Augen stand und wo meine Mutterliebe nicht ausgereicht hatte. Plötzlich sah ich mich selbst wie das kleine Mädchen einst im Kinderheim in Minsk ... einsam, weinend und verlassen. Und ich sah, wie Gott, mein Vater, sich für mich entschied, obwohl er meine Fehler und Schwächen kannte. Er nahm mich an der Hand und führte mich heraus.

Ich war seine geliebte und erwählte Tochter – die Vergangenheit bestimmte mein Leben nicht mehr.

Als ich wieder nach Hause kam, entschuldigte ich mich bei meinen Kindern für alles, was mir an Schuld bewusst war. Ich bat vor allem meinen zweiten Sohn um Vergebung. Er gewährte sie mir lächelnd. Fortan hatte ich Frieden im Herzen, auch wenn wir uns seitdem in der Familie noch so manches Mal um Verzeihung bitten mussten.

Die Tante hatte es ebenfalls nicht immer leicht mit uns und schüttelte hier und da den Kopf über uns. Da unser neues Haus nicht rechtzeitig zum Schuljahresbeginn fertiggestellt werden konnte, campierten wir ein halbes Jahr in ihrer Wohnung, damit unsere zwei Großen gleich nach den Sommerferien in der neuen Schule starten konnten. Die beschauliche Wohnung der Tante verwandelte sich über Nacht in eine „WG" mit sechs zusätzlichen Mitbewohnern! Da brauchte es eine dicke Elefantenhaut.

Endlich kam der Tag, an dem die Umzugswagen vorfuhren. Das Haus war fertig. Wie auf Engelsflügeln getragen zogen wir von unserem Reihenhaus in unsere neuen vier Wände um. Die Firma meines Mannes bezahlte den gesamten Umzug.

„Du brauchst keine Gehaltserhöhung mehr", neckte ich Hanspeter. „Du hast sie bereits erhalten." Zwei Mal musste der Lastwagen samt Anhänger die Strecke zurücklegen. Die Spediteure packten in der alten Heimat alles ein – ich beschriftete nur die Kisten – und in den neuen vier Wänden wieder alles aus. Unglaublich!

Kurz vor der Rückgabe unseres Reihenhauses an den Vermieter mussten wir noch einmal die Haftpflichtversicherung bemühen. Im Klo hatte jemand mit einem Schneebesen in der Kloschüssel gerührt und sie dabei verkratzt. Auch auf den Fliesen daneben hatte der unbekannte Künstler Kratzspuren hinterlassen. Eine lange rote Spur mit „Window-Colour"-Farbe zog sich vom kleinen Balkon vor Levis Zimmer quer über die Hausfassade herab. Ich staune noch heute, wie gelassen unser Vermieter die „Blutspur" zur Kenntnis nahm.

In unserem neuen Zuhause hörte sowohl das geheimnisvolle Zerschneiden als auch das Zerstören von Gegenständen auf. Wir atmeten durch. Für uns war es ein Wunder.

Wir schlossen uns einer Gemeinde an mit familientauglichen Gottesdiensten und einem Pfadfinderangebot, das unsere Jungen begeisterte. Sie lernten Holz hacken, Feuer machen und schliefen unter freiem Himmel. Es dauerte nicht lange, da öffnete die Tante den Pfadfindern die Tore der alten Scheune am Waldrand. Sie hängten ihre „Royal-Rangers"-Fahne über den Eingang, spuckten in die Hände und misteten kräftig aus.

Zwei Wagenladungen waren nötig, um den Staub der Jahrhunderte zu entrümpeln – dieses Mal rückten die orangefarbenen Müllautos an. Die alte Mal-Stube des verstorbenen Bauernsohnes wurde in einen gemütlichen Gemeinschaftsraum mit Kanonenofen umgebaut. Und schließlich erfüllte sich sogar der Traum des alten Bauern: Die Pfadfinder feierten Gottesdienst in der alten Scheune.

Mit der Zeit begannen wir tatsächlich, diese Stadt ins Herz zu schließen. Obwohl wir uns anfangs gesträubt hatten, war der Umzug für uns der richtige Schritt gewesen.

Auch meine Beziehung zu Josia begann zu heilen.

Wie viel „Urvertrauen" zwischen uns trotz aller Stürme gewachsen war, wurde für mich ausgerechnet an jenem Tag deutlich, an dem genau das passierte, wovor mir immer gegraut hatte: Ich verlor eines meiner Kinder. Josia war spurlos verschwunden im Großstadt-Dschungel des Stuttgarter S-Bahn-Netzes.

Unser Junge hatte einen neuen Schulfreund in einem Nachbarort besucht und sollte mit der S-Bahn nach Hause kommen. Doch ich traf nicht ganz pünktlich am Bahnhof ein, um ihn abzuholen. Zu meinem Schrecken sah ich mein Kind nirgends am Bahnsteig. Aufgeregt telefonierte ich mit der Familie des

Freundes. Sie hatten ihn in den Zug gesetzt. Der Neunjährige selbst hatte kein Handy dabei.

Mit klopfendem Herzen suchte ich an den benachbarten S-Bahn-Haltestationen, um zu sehen, ob er dort stand. Doch er war nirgends. Inzwischen wurde es dunkel. Wildeste Fantasien begannen in mir zu kreisen über das, was ihm passieren könnte. Auch die Nachbarn im Hof waren in Aufregung. Wir riefen die Polizei. Zwei Beamte kamen und baten um ein Foto. Unsere Kleinen himmelten die Polizisten an und fanden es spannend, sich wie im Krimi zu fühlen.

Wir Erwachsenen waren außer uns vor Angst und Sorge. Bei der Familie des Freundes traf sich der Hauskreis und betete. Wir riefen Freunde an mit der Bitte zu beten. Stunde um Stunde verstrich. Die Tagesschau war längst vorbei.

„Sicher wird er sein ganzes Trauma noch einmal durchleben!", sagte ich zu meinem Mann. „Er wird sich wieder völlig verlassen fühlen wie einst als kleines Kind …"

Gott, wo ist er bloß?

Ich stellte mir vor, wie es ihm ergangen sein konnte: Wahrscheinlich hatte er die Station verpasst und war wie gelähmt sitzen geblieben … Plötzlich war mir klar, wo er stecken musste: am Ende der Bahnlinie! Ich verfolgte auf der Karte die S-Bahn-Linie im Gewirr des Streckenplans bis ans Ende, das viele Kilometer entfernt von uns lag.

In diesem Moment klingelte das Telefon. Eine Frau war am Apparat – sie rief an vom Ende der S-Bahn-Linie. Mein Kind war bei ihr. Ich hätte ihr um den Hals fallen können.

Sie war Zigaretten holen, dabei war ihr der Knirps einsam im Dunkeln am Bahnhofsgebäude aufgefallen. Stundenlang hatte er dort gestanden. „Etwas spät für so einen Kleinen", hatte sie gedacht und ihn auf dem Rückweg angesprochen.

In letzter Minute stoppten wir den Polizeieinsatz.

„Ein Glück", meinte der Beamte am Telefon erleichtert. „Wir waren gerade dabei, ein richtig großes Fass aufzumachen."

Ich sprang ins Auto und sauste mit frohem Herzen eine halbe Stunde über die Autobahn, um Josia glücklich in die Arme zu schließen. Auf der Heimfahrt fragte ich ihn vorsichtig: „Was hast du gedacht, als du am Bahnhof gestanden bist? Hast du dich sehr verlassen gefühlt?"

„Nö", meinte Josia entspannt. „Ich sagte mir immer wieder: ,Meine Mama wird kommen und mich holen!'" Ich staunte über meinen kleinen tapferen Helden.

Meine Mama wird kommen und mich holen …

13
SOS im Aquarium

„Selbst ... die Schwalbe hat ein Nest für sich gefunden,
wo sie ihre Jungen versteckt hat –
nämlich bei deinen Altären.“
Psalm 84,4

Ich lege das Telefon zurück auf die Ladefläche.
Ob er dem jemals zustimmen wird?
Nachdenklich drehe ich mich um.
Mein Zweitältester sitzt am Tisch. Längst ist er so groß wie ich und hat meine Schuhgröße um vier Nummern eingeholt. Mehrere Tage haben wir so gut wie nichts geredet. Es herrscht dicke Luft. Wir hatten uns nicht einigen können, wann der beste Zeitpunkt für das Ende eines Partybesuchs wäre. Der „Kompromiss“ endete darin, dass er heimlich abgehauen war. Ich bin sauer.
Eine unsichtbare Mauer trennt uns – jeder fühlt sich im Recht. Es ist mir ein Rätsel, wie wir uns wieder finden sollen. Muss ich mich etwa dafür entschuldigen, dass ich als Mutter eine Meinung darüber habe, wann er heimkommen sollte?
Unsicher mustere ich ihn am Tisch. Er kaut stumm vor sich hin.
Soll ich ihm vom Inhalt des Gesprächs am Telefon erzählen?
Oder strategisch klug auf einen besseren Zeitpunkt warten?
Doch es drängt mich innerlich.
„Du, hör mal ... Gerade hat mich jemand ermutigt, unsere Geschichte aufzuschreiben. Die von der Adoption und so ...“

Erstaunt blickt er auf. Dann lächelt Josia mich großzügig an und winkt lässig ab.

„Kannst du ruhig machen. Ich werde ja nur neunzig Jahre alt. Wenn ich neunhundert Jahre alt werden würde, wie die in der Bibel, würde ich es mir überlegen. Dann müsste ich lange damit leben, dass es alle wüssten."

Ich lache über seinen entwaffnenden Humor. Es gibt Momente, da ist er gnadenlos ehrlich – mit mir und mit sich selbst.

Wir haben einen Weg mit Höhen und Tiefen hinter uns.

Das zurückliegende Wochenende war in der Tat sehr schwierig gewesen.

„Zieh doch zu Oma und Opa, oder ruf beim Jugendamt an, wenn dir hier alles nicht passt!", hatte ich ihm nach der heftigen Diskussion an den Kopf geworfen. Zorn und Ohnmacht hatten mich wieder einmal überwältigt. Der Jugendpsychologe hatte mir Mut gemacht, im Notfall Grenzen zu ziehen. Doch ich hasste meine Worte und bereute sie. Nun trennte uns der Scherbenhaufen.

Inmitten der hitzigen Diskussion hatte ich an diesem Wochenende mit Isaak ein größeres Aquarium gekauft. Nun galt es die Fische in ein neues Zuhause umzuquartieren. Wir füllen in seinem Zimmer das Wasser des alten Beckens um und parken die Fische und Garnelen in einem Eimer. Dies allerdings nehmen uns die Tierchen übel … Das große Sterben setzt ein. Eine Garnele nach der anderen verabschiedet sich. Isaak und ich sind verzweifelt.

Muss dieses Theater ausgerechnet an diesem Wochenende sein?, denke ich. Mein Mann hat uns während eines Reha-Aufenthalts nur besucht und ist schweren Herzens zurück zur Kur gefahren.

Während wir um das Überleben der Wassertierchen kämpfen, herrscht im Nebenzimmer weiter Eiszeit. Mein Großer verkriecht sich hinter einem Schutzwall aus dröhnender Musik. Die Chemie für das Aquarium geht aus. In ihr neues Zuhause eingesetzt, beginnen inzwischen auch die Fische röchelnd am oberen Wasserrand zu hängen.

Es ist Sonntagabend und ich sehe Isaak ratlos an. Wir können frühestens am nächsten Morgen neue Chemie in der Zooabteilung des Baumarkts holen. Der Junge jammert und weint.

„Wir können nur noch beten", sage ich und denke an die Geschichte im Alten Testament, in der das Wasser eines Teiches vergiftet war, aus dem Mose und das Volk Israel bei ihrer Wüstenwanderung hatten trinken wollen (2. Mose 15). Er hatte im Glauben an Gott ein Holz ins Wasser geworfen, und es war gesund geworden. Also beten wir über dem Sechzig-Liter-Aquarium. Dann machen wir das Licht aus und schließen die Tür. Isaak will nicht in seinem Zimmer schlafen. Sein Zimmernachbar lässt sich an diesem Abend nicht mehr blicken.

Am nächsten Morgen sehe ich nach den Fischen. Sie leben noch. Ich nehme eine Wasserprobe und fahre zum Baumarkt, um es testen zu lassen. Die Verkäuferin sieht mich erstaunt an: „Ist doch alles in Ordnung mit dem Wasser!"

Ich bin sprachlos. Und ich verstehe den Wink mit dem Zaunpfahl, den Gott mir geben will.

„Gott hat das Wasser im Aquarium entgiftet! Er wird auch unsere Familienatmosphäre verändern!", tippe ich meinem Mann aufgeregt ins Handy hinein. Die Stimmung im Haus ist unverändert schlecht – aber ich bin plötzlich voller Hoffnung.

Und tatsächlich: An diesem Tag kommt jener Anruf, der uns wieder ins Gespräch bringt. Die Sonne geht auf. Die Fronten schmelzen. Plötzlich sehe ich, dass ich meinem Sohn mit zu wenig Wertschätzung begegnet bin und ihn durch meine Worte verletzt habe. Ich entschuldige mich von ganzem Herzen. Auch er entschuldigt sich für alles, was falsch gelaufen ist. Das Eis ist gebrochen – wieder einmal. Unsere Herzen haben sich neu gefunden.

Ich setze mich zu ihm an den Tisch. Wir beginnen gemeinsam zurückzublicken auf all das, was wir an Schwerem und Schönem erlebt haben. Ich mache mir Notizen. Er erzählt mir, was ihn verletzt hat, zum Beispiel, wie wir ihn als Kind zu Unrecht verdächtigt und bestraft hatten. Die Wunden und Erlebnisse schmerzen noch immer – dennoch liegt es hinter uns. Wir können darüber reden. Und wir haben die Chance, uns zu vergeben.

„Habt ihr euch manchmal gegenüber unseren leiblichen Söhnen benachteiligt gefühlt?", fragen Hanspeter und ich unsere älteren Söhne einmal, als wir um den Wohnzimmertisch sitzen. Sie halten kurz inne und schütteln beide den Kopf.

„Ich denke da nie dran, dass ich nicht aus deinem Bauch gekommen bin", meint Levi. „Geht mir auch so", pflichtet Josia ihm bei. Ich glaube ihnen, denn auch mir selbst geht es so.

Mit jedem Kind verbindet mich eine ganz eigene, einmalige Geschichte. Darum ist für uns jedes Kind auf seine Weise etwas Besonderes.

Schließlich aber fällt den Großen am Tisch doch noch etwas ein, was sie schon lange einmal sagen wollten:

„Was die Kleinen alles dürfen – das durften wir nicht in diesem Alter! Ihr erlaubt denen viel zu viel! Filme mit FSK 12 gucken, so viel zocken, Spielzeugwaffen kaufen, …" Und plötzlich stecken wir mitten in einer lebhaften Diskussion, wie sie wohl in jeder „normalen" Familie rund um den Wohnzimmertisch stattfinden könnte.

Bei einem Familienfest wird schließlich sogar ein Stück Versöhnung zwischen den großen Brüdern sichtbar. Im Rahmen einer Feier hat jeder die Aufgabe, dem anderen ein gutes Wort zu sagen. Doch als Levi als Letzter an der Reihe ist, seinem Bruder etwas Gutes zu sagen, beginnt er plötzlich zu weinen.

„Vergib mir, wo ich dir Böses getan habe", schluchzt er. „Ich bin so froh, dass du mein Bruder bist." Kein Auge in unserer Runde bleibt trocken. Die beiden Brüder liegen sich in den Armen. Versöhnt.

14
Warum gerade ich?

„Du siehst doch, wie lange ich schon umherirre!
Jede Träne hast du gezählt,
ja, alle sind in deinem Buch festgehalten. "
Psalm 56,9

Mitten in der Nacht schrecke ich hoch. Es ist *Stille Nacht* –
Weihnachten. Ein Heiligabend im Kreis der Familie liegt hinter
uns. Im Schein des Christbaums blieb unser guter alter Wohnzimmertisch zurück, begraben unter Geschenkpapier, leeren
Gläsern und den Plätzchen ohne Schokoguss, die keiner mehr
wollte. Müde sind wir ins Bett gefallen. Doch nun starre ich
hellwach in die Dunkelheit. „Schreib das Kapitel zu Ende!",
geht es mir durch den Kopf.

Das Kapitel? Zu Ende schreiben?

Sofort denke ich an mein Buch-Manuskript. Seit Monaten
liegt die Geschichte, wie wir eine Familie wurden, unvollendet
in der Schublade. Irgendetwas fehlt am Ende. Dieses Gefühl beschleicht mich immer wieder – aber was?

Nun steht es mir in der Heiligen Nacht sternklar vor Augen:
Das Kapitel zu Ende schreiben – das konnte nur eines bedeuten:
mit unserem zweitältesten Sohn Josia nach Weißrussland fahren.
Ihm helfen, nach seinen Wurzeln zu graben. Vielleicht sogar das
Unmögliche wagen – seine leibliche Mutter zu suchen.

Mein Verstand springt an. Ich setze mich auf. Die Mutter suchen? Eine Unbekannte, von der wir lediglich den Namen kennen, aber weder ein Foto, geschweige denn eine Adresse haben?
Deren Sprache wir nicht sprechen?

Ein Versuch, mit ihr Kontakt aufzunehmen, war bereits vor Jahren am Adoptionsgeheimnis der weißrussischen Behörde gescheitert. Dort wird dichtgehalten. Offene Adoptionen wie in Deutschland – Fehlanzeige. Auskünfte frühestens ab achtzehn Jahren, so hieß es. In drei Wochen wäre es so weit, überschlage ich. Doch gleich greift wieder die alte Angst nach mir. Bislang hatte ich es abgelehnt, in der nächsten Zeit mit meinem Sohn nach Weißrussland zu reisen. „Lieber nicht!", hatte ich stets getönt. „Am Ende lassen die dich nicht mehr raus und ziehen dich zum Militär ein!"

Die Frage, ob Josia noch die Staatsbürgerschaft seines Herkunftslandes mit dem Erreichen der Volljährigkeit haben würde, war unklar. Sein weißrussischer Pass war vor einem Jahr abgelaufen. Doch war damit seine doppelte Staatsbürgerschaft erloschen? Wir hatten widersprüchliche Auskünfte erhalten – und ich hatte keine Lust darauf, dies mit einem weißrussischen Grenzsoldaten zu klären. Hauptsache, Josia hatte einen deutschen Pass. Den Rest hatte ich auf eine unbestimmte Zeit vertagt.

Schreib das Kapitel zu Ende … Der Satz hallt beharrlich in meinem Herzen. Sollte dieser Gedanke einen himmlischen Absender haben?

„Also gut", beginne ich in der Stille der Weihnachtsnacht mit Gott zu verhandeln, „wir gehen los, aber das Unmögliche musst du tun!" Diese Arbeitsteilung erscheint mir der beste Weg, um herauszufinden, ob diese Idee ein Wink des Höchsten ist.

Josia ist sofort von dem Plan begeistert, was für mich bereits das erste Wunder ist. In der Regel ist er nämlich kaum mehr für Familienprojekte zu begeistern. Geburtstag feiern oder am Muttertag chinesisch essen gehen? Kein Bock. Ist langweilig. Gemeinsam kegeln, Karten spielen oder gar in den Urlaub fahren? Stets winkt er ab, und wir gewöhnen uns nur schwer daran. Am liebsten verkriecht er sich mit dem Handy in seinem Zimmer.

„Ich fühle mich hier einfach nicht richtig zugehörig", begründet er seinen Rückzug ins Schneckenhaus. Es ist selten, dass er uns Einblick in den Schmerz seiner Seele gewährt.

„Klar, ihr seid meine Familie, und ich werde euch immer dankbar sein, aber irgendwie …" Dieses „Irgendwie" lässt ihn leiden. Wir spüren seine Zerrissenheit und leiden mit. Hilflos, weil wir ihn nicht verstehen können. Ohnmächtig, weil wir die Wunde tief in ihm nicht stillen können. Unsere Liebe scheint abzuperlen.

„Warum gerade ich?", fragt er immer wieder. „Warum konnte gerade ich nicht bei meinen Eltern aufwachsen? Warum wurde ich abgegeben? Wie konnte Gott das zulassen?" Diese Fragen quälen ihn – und uns. Oft genug fühlen wir uns durch seine Worte verletzt, wenn sich der Schmerz in Anklage und Wut entlädt. „Ihr seid an allem schuld, weil ihr mich adoptiert habt!", heißt es dann.

Tief durchatmen, versuche ich mir in solchen Momenten zu sagen und wiederhole alles, was ich auf Schulungen für Adoptiveltern und aus entsprechenden Büchern gelernt habe. *Nur nichts persönlich nehmen!*

Doch es gelingt mir nicht immer. Irgendwann kommen wir als Eltern an den Punkt, an dem wir seinen Schmerz einfach respektieren. Wir widersprechen ihm nicht mehr. Wir sagen nicht ständig: „Schau auf das, wofür du dankbar sein kannst. Du hast doch Glück gehabt …" Wir versuchen, ihm in seiner Trauer beizustehen.

Manchmal schlagen die Wellen jedoch hoch am Familientisch. „Sag mal, was hast du eigentlich für ein Problem?", fährt Levi den Bruder einmal an. „Wärst du lieber in einem Kinderheim in Weißrussland versauert?"

„Nein, aber ich wäre einfach lieber bei meinen richtigen Eltern groß geworden!"

„Ja, aber du hast doch hier alles!"

„Das verstehst du nicht!"

„Doch, das verstehe ich. Ich bin auch …"

Längst hat die Lautstärke einen Pegel erreicht, bei dem der Rest der Familie chancenlos verstummt ist. An diesem Punkt allerdings werfe ich mich entschieden zwischen die Streithähne. Leid und Wunden lassen sich nicht auf die Waage legen – auch nicht, wenn Menschen durch ein scheinbar vergleichbares Schicksal gehen.

Unser ältester Adoptivsohn hatte von klein auf die Chance, sich von seiner leiblichen Mutter ein Bild zu machen. Josia dagegen rätselte jahrelang darüber, wie sie wohl aussehen würde und warum sie ihn zurückgelassen hatte. „Das macht man doch nicht, einfach sein Kind ohne ein Foto von sich abzugeben", beklagte er sich als kleiner Junge.

Es war, als würde ihm ein entscheidendes Puzzle-Stück fehlen, das er brauchte, um das ganze Bild seiner Persönlichkeit zusammenlegen zu können. Wir versuchten, seine Sehnsucht nachzuvollziehen. Bereits im Kindesalter versprachen wir ihm, dass wir ihm helfen würden, seine Mutter zu suchen, wenn er es später einmal wollte und es möglich wäre.

Auf der deutschen Adoptionsvermittlungsstelle riet man uns von Anfang an, kein Geheimnis aus der Adoption zu machen. Wir feiern darum bis heute den Jahrestag der Adoption mit Geschenken, Essen und einem Ausflug. Für uns ist es ein Feiertag – er erinnert an den Beginn unserer gemeinsamen Geschichte als Familie.

Kaum ist Josia achtzehn Jahre alt, schreiben wir in seinem Namen an das weißrussische Adoptionszentrum einen Brief mit der Bitte, bei der Suche nach der Mutter zu helfen. Ob sie nach fünfzehn Jahren überhaupt noch diesen Nachnamen trägt? Wo sie wohl inzwischen wohnt? Hat sie eine neue Familie? Kinder? Ob sie überhaupt noch lebt? All das bewegt uns – und alle, die an unserer Geschichte Anteil nehmen.

Nicht jeder kann unsere Suche nach den Wurzeln unseres Sohnes verstehen.

„Wollt ihr die wirklich finden?", fragen uns warnende Stimmen. „Was macht ihr, wenn sie …" Beängstigende Vermutungen gibt es genug. Ja, was wenn?

Schreib das Kapitel zu Ende – im Vertrauen, dass dieser Gedanke ein Impuls Gottes war, gehen wir weiter.

Wir erfahren, dass Josia immer noch weißrussischer Staatsbürger ist – und nicht zum Militär muss, weil er seinen Wohnsitz außerhalb des Landes hat. Das lasse ich mir schriftlich geben. Dann herrscht viele Wochen Funkstille.

Kurz vor Ostern bin ich mit meiner Mutter auf einer Reise zu den Tulpen von Amsterdam. Mittendrin im Touristengewühl erreicht mich eine Nachricht von Hanspeter: „Es ist eine Mail auf Russisch gekommen. Was meinst du, ist sie von Oxana?"

Das Schreiben in kyrillischen Buchstaben ist unlesbar für Nichteingeweihte. Doch den Namen kann ich entziffern – so weit reichen meine verblichenen Russisch-Kenntnisse gerade noch. Mir wird heiß und kalt zugleich.

Sie ist es! Wir haben sie gefunden!

Mir kommen die Tränen. Es ist das Gefühl, endlich vollständig zu sein als Familie.

Ungeduldig warte ich, bis mein Handy die angehängten Fotodateien öffnen kann. Ich starre auf das Display mit dem Bild von der Mutter meines Sohnes. Ja, sie ist es. Ich erkenne mein Kind wieder in den Zügen einer anderen Frau – irgendwie seltsam.

Wie immer gibt mein Mann nicht auf. Er aktiviert im Internet ein Übersetzungsprogramm und kurz darauf erreichen mich die Zeilen auf Deutsch – auch wenn es der Roboter zuweilen sperrig übersetzt. „Ich bin Oxana, deine leibliche Mutter. Es tut mir so leid, dass ich in vielen wichtigen Momenten deines Lebens nicht da sein konnte. Ich wusste immer, dass du mich eines Tages suchen wirst, und bin so froh, dass du mich gefunden hast …"

Tief bewegt überfliege ich die Mail und bedaure, dass ich in diesem Moment nicht zu Hause bin. Wie es Josia wohl geht? Wieder einmal entzieht sich das Unternehmen meiner Kontrolle.

„Ich habe ihm alles ausgedruckt. Er hat sich gefreut!", meint mein Mann am Telefon.

Gefreut? Ist das alles?

Manchmal lässt mich männliche Nüchternheit aus der Haut fahren!

Ich kann es kaum erwarten, nach Hause zu kommen.

Doch ich bekomme mein Kind zunächst gar nicht zu Gesicht. Er sitzt bei der Tante im Nachbarhaus am Computer. „Er wollte seiner Mutter schreiben", erzählt Hanspeter. „Ist aber etwas mühsam, denn er muss jeden Satz mit dem Programm übersetzen."

Stunde um Stunde vergeht und es beschleicht mich die Angst, wir könnten als Eltern überflüssig werden.

Als er endlich heimkommt, strahlt er zufrieden.

„Ich habe noch eine Schwester. Dana ist fünfzehn! Zum Glück habe ich keinen Bruder. Davon habe ich schon genug." Er hält mir das Foto vor die Nase und schielt zu den anderen hinüber.

„Ich will jetzt Russisch lernen!", verkündet er mir. „Meinst du, ich kann wieder meinen alten Nachnamen annehmen? Könnte ich wieder in Weißrussland leben?"

Ich atme wieder einmal tief durch. *Nichts persönlich nehmen.*

Sachlich erkläre ich ihm, dass eine Adoption nicht rückgängig zu machen ist. Ich ringe mich durch zu dem Vorschlag, wir könnten im Internet nach einer Stelle für einen freiwilligen Auslandseinsatz in Weißrussland suchen. Tatsächlich finden sich einige wenige Angebote.

Am nächsten Tag sitzt Josia bei uns zu Hause stundenlang am Computer und übersetzt Satz für Satz hin und her.

„Sie ist Köchin!", ruft er mir vom Schreibtisch aus zu.

„Und sie wohnt in Minsk in einem Hochhaus, in einer Zwei-Zimmer-Wohnung!"

Tastenklicken.

„Sie hat eine Schwester mit Bauernhof."

Wieder Pause.

„Sie ist gläubig – orthodox."

Ich schalte mich ein. „Musst du so etwas Persönliches gleich am Anfang fragen?"

„Wieso nicht. Ich habe sie auch gefragt, ob es schwer ist, in einer Diktatur zu leben!"

Ich halte die Luft an. Dann atme ich aus. *Soll sie doch seine Fragen aushalten – schließlich ist sie seine Mutter!*

Dann stellt er ihr die Frage nach seinem Vater. Er ist auf keinem der Fotos zu sehen.

„Dazu antwortet sie mir nicht", stellt er enttäuscht fest.

Ich vertröste ihn auf unseren Besuch im Sommer. „Wahrscheinlich ist das Thema zu schmerzhaft für sie", mutmaße ich.

„Das will sie dir nicht per Google-Übersetzer erzählen."

Ab dem folgenden Tag ruht der elektronische Postverkehr.

„Ich habe ihr meine wichtigsten Fragen gestellt", erklärt mir Josia. Auch von einem Leben in Weißrussland will er nichts mehr wissen. „Das war nur im ersten Moment. Ich bleibe hier."

Nun können wir endlich an die Vorbereitung der Reise gehen. Wir buchen für sieben Tage eine Ferienwohnung sowie den Flug. Am meisten freuen wir uns, dass die Übersetzerin, die uns vor fünfzehn Jahren beim ersten Kennenlernen im Kinderheim unterstützte, wieder bereit ist, uns zu begleiten.

„Jau, Mann, wie begrüßt man eigentlich eine Mutter nach siebzehn Jahren?", sinniert Josia dann bei einem Abendessen ein paar Tage vor dem Abflug. „Ich kann doch nicht einfach anmarschieren und sagen: ‚Hi, da bin ich!'"

„Du kannst ja in Tränen ausbrechen", rät der dreizehnjährige Bruder.

Verächtliches Schnauben ist die Antwort. Zum Glück werden die drei anderen Brüder während der Reisezeit auf ein Pfadfinder-Camp gehen.

Sorgfältig wähle ich ein paar Geschenke aus. Für Oxana stelle ich ein paar Fotos zusammen von all den Jahren, in denen sie ihr Kind nicht aufwachsen sah. Was könnte ich ihr auch sonst schenken?

„Willst du ihr auch etwas mitbringen?", frage ich Josia während des Kofferpackens.

Er strahlt mich mit einem breiten Lächeln an. „Ich habe gedacht, ich bringe mich mal selber mit."

15
Wiedersehen in Weißrussland

„Als der Herr uns ... zurückkehren ließ,
da war es uns, als träumten wir."
Psalm 126,1

Wir stehen am Laufband des Minsker Flughafens und mustern jeden Koffer. Ist er das? Oder das? Jeden Schritt, den wir vortreten, tun wir zurück. Nein, er war es wieder nicht. Nach einer Weile ahnen wir mit den anderen Fluggästen um uns herum, dass unser Gepäck samt den Geschenken hier heute nicht mehr anrollen werden. Sie wurden beim Umsteigen ins falsche Flugzeug geladen.

„Wartet sie auf uns?", fragt mich Josia, während wir in einer Warteschlange vor den undurchsichtigen Glastüren der Zollabfertigung stehen. Immer wenn sich die Schiebetüren für einen Augenblick öffnen und schließen, versuchen wir, einen Blick in die Wartehalle dahinter zu erhaschen.

„Ich weiß nicht, ob sie zum Flugplatz kommt." Ich zucke mit den Achseln und bereue es, dass ich unser erstes Treffen mit Oxana nicht noch genauer abgesprochen habe. Ich hatte ihr die Daten unserer Ankunft geschrieben und der Computer übersetzte mir als ihre Antwort: „Wir warten mit Ungeduld."

Wieder öffnet sich die Türe kurz, und ich mustere eilig ein paar Gesichter.

„Weiß sie, wie ich aussehe?", fragt mich Josia. „Hast du ihr ein Bild von mir geschickt?"

„Nein, das wollte ich dir überlassen."

„Ich habe ihr keines geschickt, weil ich sie überraschen wollte, wie ich aussehe."

Inzwischen ist der Grenzbeamte vor uns am Schalter ungehalten, weil unser junger Mann mit dem blauen belarussischen Pass nicht auf Russisch auf seine Fragen antwortet. Wir beeilen uns, ihm die Sachlage in Englisch zu erklären.

Was wir hier wollten, wo wir wohnen und wie lange wir bleiben würden?

Alles will er wissen. Natürlich müssen wir auch angeben, wie viel Euro und Dollar wir versteckt im Gürtel unter dem T-Shirt tragen.

Dann geht die undurchsichtige Glastür endlich für uns auf. Es sind nicht mehr viele, die in der Wartehalle stehen. Wieder studiere ich die Mienen. Aber kein freudig erregtes Gesicht löst sich aus der Menge.

„Sie ist nicht da", stellt Josia fest und klingt erleichtert und enttäuscht zugleich. Schließlich hatte er noch keine Antwort auf die Frage gefunden, wie er ihr nun entgegentreten sollte.

Die Einzige, die uns um den Hals fällt, ist unsere Übersetzerin Sveta. Nach fünfzehn Jahren hat sie uns sofort erkannt. Die junge Frau aus Brest, die einst als Au-pair-Mädchen im Sauerland Deutsch lernte, ist inzwischen verheiratet und Mutter von drei Töchtern. Für eine Woche hat sie die Familie bei der Oma geparkt, um uns in Minsk beizustehen.

Kaum sind wir in der Ferienwohnung in einem der großen Wohnblocks von Minsk, ruft sie für uns bei Oxana an.

„Da, da", bejaht sie eifrig, während wir um sie herumsitzen und ihr beim Nicken zusehen. „Also …" Endlich lässt Sveta das Handy sinken. „Sie hat eine nette Stimme. Ab Mittwoch hat sie Urlaub. Dann will sie uns einladen."

Mittwoch? Es ist erst Sonntag! Ich sehe, wie die Enttäuschung in die Züge meines Sohnes kriecht.

„Jau, Mann, warum so spät", mault er. „Ich will sie doch einfach nur sehen. Ist doch nicht so kompliziert."

Ich ahne, dass wir ab jetzt einen noch angespannteren Reisegenossen haben.

Missmutig stapfen wir am nächsten Tag bei hochsommerlichen Temperaturen durch die Innenstadt von Minsk – Josia im dicken Pullover von der Reise, was die Laune nicht hebt.

Die Hauptstadt präsentiert sich geschmückt vom jüngsten europäischen Sport-Ereignis mit rot-grünen Flaggen und beleuchteten Figuren. Wir staunen, wie sich Minsk in den letzten fünfzehn Jahren gemausert hat. Westlicher Lebensstil und blinkende Reklamewände haben sich längst zwischen die monumentalen Volkspaläste entlang der Hauptstraßen geschoben, die nach dem Zweiten Weltkrieg auf den Trümmern entstanden sind. Dazwischen braust der Verkehr, die Parkflächen quellen über.

Als *„Sonnenstadt der Träume"* und die *„perfekte Stadt eines utopischen Imperiums"* beschreibt ein Philosoph in einem Prospekt die Hauptstadt mit ihren zwei Millionen Einwohnern. Doch wir sehen vor allem schwindelerregende Hochhäuser in jeder erdenklichen Form.

„Meistens sind darin Eigentumswohnungen, die vom Staat verteilt werden", erklärt uns die Übersetzerin. Sveta berichtet, sie habe seit dem dritten Kind das Anrecht auf eine größere Wohnung – die Familie bekam sie vor fünf Jahren zugewiesen. Seitdem renovieren sie die Drei-Zimmer-Wohnung, nun ist endlich der Einzug geplant. Schneller erlaubte es der Geldbeutel nicht in einem Land, in dem der monatliche Durchschnittslohn bei fünfhundert Euro liegt. Und Geld wollte die Familie beim angebotenen Zinssatz von dreißig Prozent nicht leihen. Bislang leben sie in der Wohnung ihrer Mutter auf sechzig Quadratmetern – inklusive Oma, versteht sich. Still höre ich zu und erzähle nicht, auf wie viel Fläche wir uns zu Hause ausbreiten.

Am Rande der winzigen Minsker Altstadt – eine Handvoll Häuser, die von den Städteplanern einst gerettet wurden – setzen wir uns in ein Café. Wir blicken auf die Betonumrandung eines Sees, auf Tretboote, Spaziergänger und Elektroroller.

Plötzlich erreicht uns ein Anruf vom Flugplatz. Der erste Koffer sei gefunden, der Fahrer unterwegs. Fünf Minuten später steht Josias Koffer auf dem Kopfsteinpflaster.

Geschenk Nummer eins ist darin, und da wir fürchten, dass die deutsche Schokolade schmilzt, beschließen wir, die Familie zu suchen, in deren Wohnung wir vor fünfzehn Jahren leben durften. Die Adresse haben wir verloren. Wir wissen nur noch die Vornamen – und dass es irgendwo nach dem Fußball-Palast links abging. Doch war es dieser Plattenbau – oder jener? Wir hatten uns ja bereits vor fünfzehn Jahren zwischen den Hochhäusern verirrt. Mein Mann sucht per Satellitenkarte am Laptop.

Sveta klingelt mutig an einer Wohnung im ersten Stock. Ein junger Mann öffnet die Tür. Vorsichtig fragt Sveta nach Andrej und Tanja. Ich ahne, wir sind falsch.

Doch der junge Mann brüllt: „Papa!" und zwängt sich mit seinem Fahrrad an uns im Hausgang vorbei. Das war wohl der zweijährige Sohn von einst, folgere ich überrascht.

Andrej stutzt ebenfalls, dann aber erkennt er uns wieder.

„Syurpriz!", ruft er lachend. *Welche Überraschung!* „Ist das Schenja?" Andrej zeigt auf Josia. „Du siehst aus wie ein Deutscher! Du guckst genau wie die. Bist du auch so pünktlich?" Er stupst ihn freundschaftlich und winkt uns hinein in die altvertrauten Wände.

Etwas später stürmt seine Frau in die winzige Küche. Vor Josia stoppt Tanja abrupt, überlegt kurz und fällt ihm mit einem Freudenschrei um den Hals.

„Khvala Bogu!", ruft sie immer wieder. *„Gelobt sei Gott!"* Dann mustert sie Josia. „Du siehst aus wie ein Weißrusse! Wie ein ganz echter!"

Wir lachen. Was denn nun? Typisch weißrussisch oder typisch deutsch?

„Auf jeden Fall sehen deine Augen so glücklich aus!", meint Tanja. „Als du damals hier ankamst, warst du ganz schüchtern und hattest Angst vor der Waschmaschine …"

Es gibt kein Entrinnen vor der weißrussischen Gastfreundschaft. Tee wird gekocht, alle Schätze aus dem Kühlschrank geholt. Kuchen, Kekse, Honig, Schmand und dicke Räder der weißrussischen Wurst türmen sich im Nu auf dem kleinen Küchentisch, um den wir uns drängen.

„Khvala Bogu! Gelobt sei Gott!" Immer wieder schlägt Tanja zwischen allem Erzählen die Hände zusammen. In der Herzenswärme dieser Freunde schmelzen unsere Enttäuschungen über die ersten Stunden in Minsk dahin.

Am nächsten Tag treffen die restlichen Koffer zum Frühstück ein. Die Geschenke für Oxana und Dana sind da. Wir sind bereit für den großen Tag. Einige Freunde versichern uns noch per WhatsApp, dass sie in Gedanken und Gebeten bei uns sind.

Der Weg führt über dreispurige Stadtautobahnen und durch Häuserschluchten, bevor wir vor einem schlichten Plattenbau aussteigen. Sveta klingelt, und durch das Knistern der Sprechanlage warnt uns eine Frauenstimme vor ihrem Hund. Das düstere Treppenhaus ist erfüllt von Gekläffe. Und dann, nach ein paar Stockwerken: das Gesicht vom Foto.

Eine zarte Frau mit einem blonden Pferdeschwanz winkt uns an einer Tür eifrig in die Wohnung, während sie mit einem Fuß den Dackel zurückschiebt. Sie zieht uns einen nach dem anderen in den schmalen Flur, umarmt kurz Josia und schon stehen wir alle dicht gedrängt im Kreis. Ein Mädchen mit langen blonden Haaren blickt uns mit großen Augen an. Die kleine Frau schiebt uns weiter in die Küche – diese ist in etwa so groß wie bei Tanja und Andrej.

Sveta kommt mit der Übersetzung des russischen Redeschwalls kaum nach. Oxana erzählt irgendetwas über Dana, über ihre guten Noten und das Reiten.

Endlich haben wir uns in die Eckbank hineingefaltet und Oxana atmet durch. „Jetzt essen wir erst einmal, dann reden wir. Ich will nicht, dass Leute bei mir hungrig dasitzen." Der Hund zwängt sich zwischen uns auf die Bank. Er hat mit uns Frieden geschlossen. Wir sind froh, dass wir ihn kraulen können.

Vor uns biegt sich die kleine Tischplatte unter Tellern voll weißrussischer Wurst und Fleisch, Salat, gefüllten Piroggen und Fisch.

Erwartet sie zum Essen das ganze Hochhaus?

„Ich bin Köchin in einer Kantine. Ich kann eigentlich alles kochen", erzählt sie uns, während sie noch eine Schale mit selbst gemachten Würstchen und Kartoffeln aus dem Ofen zieht. Wir kauen tapfer, doch kaum einer in der Runde bekommt einen Bissen hinunter.

„Eine schlechte Tat macht noch keinen schlechten Menschen", beginnt sie, und wir spüren, jetzt will sie erzählen.

„Natürlich hast du Oma und Opa, aber sie sind tot. Wir waren fünf Kinder." Sie zeigt uns ein Foto, auf dem ein Junge seine Arme um vier jüngere Mädchen schlingt. „Hier ... Ich bin die Zweitälteste." Sie deutet auf ein schmächtiges Kind.

„Unsere Eltern waren Alkoholiker. Als ich drei Jahre alt war, brannte es. Doch sie hatten mich und meinen Bruder eingeschlossen, weil sie stockbetrunken waren. Wir wurden gerettet, aber schwer verletzt ..." Sie fährt über die Narben der Brandwunden an ihrem Kopf, die bis heute zu sehen sind.

Als sie zehn Jahre alt ist, kommen alle fünf Kinder zu einer Pflegemutter. Dort muss sie mit achtzehn Jahren ausziehen. Sie macht eine Lehre und mietet sich von ihrem kärglichen Lohn eine Wohnung. Als sie unerwartet schwanger wird, gehen ihr die Mittel aus, sie verliert die Wohnung. In ihrer Not wendet sie sich an ihre Pflegemutter. Statt Hilfe bekommt sie Schläge.

„Sie sagte, nimm dein Kind und geh! Was sollte ich tun? Ich musste doch für mein Kind etwas zu essen kaufen."

Sie stiehlt zehn Dollar und wird erwischt. Die Konsequenz: ein Jahr Gefängnis. „Niemand half mir, mit meinem Kind einen Weg zu finden. Ich musste dich im Heim abgeben. Auch nach der Haft hatte ich kein Geld. Ich schlief bei einer Freundin. Wie hätte ich dich da abholen sollen?"

Wir schweigen.

Dann räuspere ich mich und erzähle ihr, was in den Adoptionsakten stand: Dass sie kein Interesse an ihrem Kind gezeigt hätte, dass man sie mehrmals angeschrieben und sie aufgefordert hätte, einige Rubel für die Heimunterbringung des Kindes zu bezahlen. Da sie nicht reagiert habe, habe man ihr das Sorgerecht entzogen.

Sie blickt zu Boden, schüttelt den Kopf. „Ich habe diese Briefe nie bekommen. Wo hätten sie die auch hinschicken sollen? Ich hatte ja gar keine Wohnung … "

Erst viele Jahre später, als das weißrussische Adoptionszentrum sie auf unsere Bitte hin ausfindig macht, erfährt sie, dass ihr Kind nach Deutschland adoptiert wurde.

„Schenja hat einen großen Schmerz darüber, dass er nicht bei dir groß werden konnte." Ich versuche die Gefühle von Josia in Worte zu fassen.

Das erste Mal beginnt sie zu weinen.

Ich spreche behutsam weiter. „Aber ich sagte ihm, auch wenn das sehr traurig sei und wir diese verlorenen fünfzehn Jahre niemals zurückholen könnten, würden vor ihm dennoch viele Jahre liegen, in denen er eine Beziehung zu dir aufbauen kann, wenn er will."

Sie wischt die Tränen aus dem Gesicht. „Was gewesen ist, können wir nicht ungeschehen machen." Zaghaft lächelt sie ihren

Sohn an. „Ich hoffe, wir bleiben in Kontakt. Wir bringen dir Russisch bei – am Anfang wird es hart. Aber wir schaffen das."

Josia lächelt ebenfalls.

Wir blättern gemeinsam durch das Fotobuch und erzählen den beiden die wichtigsten Stationen seines Lebens in Deutschland. „Ich habe mir immer gewünscht, ein Babyfoto von Josia zu haben", sage ich auf der letzten Seite zu ihr. „Hast du eines?"

„Ja, Moment …" Sie verschwindet im Flur der Zwei-Zimmer-Wohnung. Eines bewohnt Oxana, das andere Dana. Kurz darauf drückt sie mir ein Foto von sich in die Hand, darauf hat sie ein dick eingepacktes Baby auf dem Schoß. „Das ist mein einziges."

„Ich dachte, das bin ich!", meldet sich die Schwester empört. „Du hast immer gesagt, das sei ich!"

„Nein, das ist Schenja", gesteht Oxana leise. „Ich habe es Dana erst vor Kurzem gesagt, dass sie einen Bruder hat."

Wie es der Fünfzehnjährigen damit geht?

„Am Anfang habe ich es nicht glauben können. Das mit dem Gefängnis …, und ich soll einen Bruder haben? Ich konnte mir nicht vorstellen, dass es wahr ist. Aber jetzt finde ich es toll, einen älteren Bruder zu haben!"

Zum Abschied umarmt sie Josia mit einem zarten Kuss auf die Wange. Wir verabreden uns für den nächsten Tag im *Zoopark*.

Dann steigen wir ins Auto. Josia sitzt schweigsam auf der Rückbank neben mir. „Jetzt habe ich Frieden", meint er plötzlich. „Ich kann nun alles besser verstehen. Es ist alles richtig, so wie es gewesen ist."

„Hast du keinen Groll, dass sie dich nicht aus dem Heim holen konnte?", frage ich zurück.

„Ich habe auch in Deutschland viel gelernt."

Am nächsten Tag stecken Bruder und Schwester unentwegt zusammen. Nachdem die Englischkenntnisse von Dana kaum zu aktivieren sind, unterhalten sich die beiden per Handy über ein Übersetzungsprogramm. Sie lachen und kichern, und vor jedem Tierkäfig spricht Dana ihrem Bruder ein anderes russisches Wort vor. *„Spasiba"*, widerholt Josia unentwegt und stöhnt. „Ich glaube, ich lerne das nie."

Hanspeter klopft ihm aufmunternd auf die Schultern. Oxana ist still. Sie überlässt ihrer Tochter das Gespräch.

Beim Abschied an der Zoo-Pforte wischt sie sich verstohlen Tränen aus den Augen, obwohl sie uns am nächsten Tag die schöne Aussicht auf Minsk von der Nationalbibliothek aus zeigen will. Doch ich ahne, dass mit dem Finden auch der Schmerz des Verlierens verbunden ist, denn Josia fährt mit uns nach Hause und nicht mit ihr.

Unseren letzten Tag beschließen wir im weißrussischen Nationalzirkus, der im Gegensatz zu einem Zirkus in Deutschland kein Zelt, sondern ein eigenes Theaterhaus mit Manege in der Innenstadt besitzt. Nach der Vorstellung bleiben uns zum Glück noch ein paar Meter zur U-Bahn-Station. Wir schlendern im Schein der Straßenlaternen den „Prospekt der Unabhängigkeit" entlang, neben uns brausen Autos und Busse. Wie die Artisten im Zirkus haben wir drei Tage lang gemeinsam einen Drahtseilakt vollführt, bei dem wir unsere Gefühle wie Bälle jongliert haben.

Nun ist die Vorstellung in der *„Sonnenstadt der Träume"* zu Ende. Ich spüre, wie mit jedem Schritt der Moment des Abschieds bedrohlich näher rückt.

„Sag ihr noch was von Herzen", flüstere ich Josia zu.

„Was denn? Ich habe das noch nie gemacht."

„Wir sind alle zum ersten Mal dabei. Aber deine Worte sind heilsam für sie, und sie wird vielleicht lange davon zehren müssen."

Ich schiebe mich zu Oxana hinüber.

„Wie fühlt es sich für dich an, jetzt, wo du deinen Sohn gefunden hast?", frage ich sie.

„Ich bin so froh, dass er mich gefunden hat, und dass er so Glück hatte und so eine gute Familie gefunden hat."

Josia tritt zu uns. „Ich wollte dir noch etwas sagen."

Wir bleiben stehen.

„Ich habe viele Nächte darüber nachgedacht, wie es wohl ist, meiner echten Mutter zu begegnen. Und ich muss sagen, du hast alle meine Erwartungen erfüllt."

Weiter kommt er nicht. Weinend umarmt sie ihn.

„Vergib mir, vergib mir", flüstert sie.

Er nickt gefasst und wiederholt für sie seine Worte aus dem Auto: „Ich verstehe nun die ganze Geschichte besser. Jetzt habe ich Frieden."

Hanspeter und ich sehen uns mit tränenfeuchten Augen an. Was für ein großartiger junger Mann ist da in unserer Mitte aufgewachsen.

Wir steigen gemeinsam zur U-Bahn hinunter. Oxana bezahlt die Tickets. Dann weist sie in die Richtung, in die wir einsteigen müssen. Mutter und Schwester müssen den Zug in die andere Richtung nehmen.

Wortlos warten wir ein paar Minuten miteinander. Josia und Dana hören mit geteilten Kopfhörern ein letztes Lied am Handy. Dann fährt die Bahn quietschend auf unserer Seite ein, kurz darauf auf den Gleisen gegenüber. Ein letztes Umarmen, ein letztes Drücken. Hastig steigen wir ein. Ich werfe einen Blick durchs Fenster zur anderen Seite hinüber und will winken.

Oxana und Dana haben sich abgewandt. Eng stehen sie beieinander und halten sich aneinander fest, während uns die Züge mitnehmen, schüttelnd und röhrend, jeden in die Richtung seines eigenen Lebens.

Paka heißt Tschüss!

„Oh, ihr Deutschen! Ihr müsst aber auch alles nummerieren! Sogar die Socken!"

Unsere weißrussischen Gastgeber lachen herzhaft in dem kleinen Gang vor ihrer Wohnungstüre. Andrej hat bei unserem letzten Besuch vor dem Abflug entdeckt, dass Hanspeters weiße Socken mit einem „L" und „R" versehen sind. Damit will der deutsche Strumpfhersteller wohl einer Verwechslung der linken und rechten Seiten vorbeugen. Unsere Freunde amüsiert das. Immer wieder schütteln sie den Kopf, während Hanspeter sich beeilt, seine Schuhe anzuziehen, um das Klischee übertriebener deutscher Ordnungsliebe verschwinden zu lassen.

„Tschüss, Tschüss", kramt Andrej zum Abschied seine letzten Brocken Deutsch hervor. Er umarmt Hanspeter dabei und klopft ihm freundschaftlich auf den Rücken.

Dann ist Josia an der Reihe, gedrückt zu werden.

„Tschüss", sagt er zu Andrej.

„Nix Tschüss", antwortet unser Gastgeber. *„Paka, paka!"* Dann zeigt er auf Josias Socken. „Du hast keine Nummern auf deinen Socken. Du bist eben doch kein Deutscher. Du bist ein Weißrusse!"

So einfach ist das.

Josia nimmt die Frage, wer und was er nun ist, mit nach Hause. Nur er selbst kann darauf eine Antwort finden.

Für uns Eltern bleibt als Herausforderung: Wir müssen ihn loslassen – mit klopfendem Herzen. Wir müssen unsere Kinder freigeben.

Kaum stellen wir zu Hause die Koffer ab, wird es uns deutlich: Levi packt in seinem „Kinderzimmer" die Umzugskisten. Der Umbau im Nachbarhaus, wo er hinzieht, ist fertig.

Der junge Mann, der mir als Teenager einst die Tischplatte des Wohnzimmertisches so makellos abgeschliffen hat, erweckte nun mit der Schleifmaschine die Holzdielen eines Dachbodens zu neuer Schönheit.

Kurz nach seinem großen Bruder beginnt auch Josia die Pläne für seinen Auszug in die Tat umzusetzen. Er will hinaus ins Leben, träumt von einer Wohnung, die er schwarz-weiß einrichten will, und schmiedet berufliche Pläne. Als er einen Waschkorb, gefüllt mit seiner Stereoanlage und dem Tee-Service an mir vorbeiträgt, weiß ich, es wird ernst.

Sind nun wir an der Reihe, unseren „Großen" *Tschüss* zu sagen – *Paka, paka*?

Wir trösten uns damit, dass wir noch unsere „Kleinen" haben … Doch sie haben mich in der Größe längst eingeholt. Unsere Ahnung verdichtet sich, dass auch sie uns nur geliehen sind. Alle vier sind Geschenke des Himmels, die wir als kleine Raupen bekommen haben und als Schmetterlinge im Vertrauen auf Gott weiterfliegen lassen.

Es rumpelt im Flur. Erstaunt setze ich meine Kaffeetasse auf dem Wohnzimmertisch ab, die ich mir inmitten des Umzugs gegönnt habe. Ein Bettgestell schiebt sich am Türrahmen vorbei.

„Ich dachte, du wolltest dir selbst ein Bett bauen?", rufe ich Levi hinterher.

„Ich nehme doch mein altes mit! Ich bau mir lieber einen Schrank in die Dachschräge!"

Und weg ist der Sohn – und das Bett. Schmunzelnd schüttle ich den Kopf.

Am Abend ertappe ich mich, wie ich mehrmals zur Dachwohnung gegenüber schiele. Die Lichter brennen. Mein Mann schleicht bedrückt herum.

„Was ist?", frage ich ihn und stelle mich ahnungslos.

„Er hat nicht mal ,Tschüss' gesagt", seufzt er.

Am nächsten Tag erzähle ich Levi von unseren „Leeres-Nest"-Gefühlen.

Er sieht mich verdutzt an. „Was ist das Problem? Wenn ich drüben schlafe, ist das doch auch nicht anders, als wenn ich mit den Pfadfindern weg wäre …"

Ach so ist das! Warum sind wir da nicht gleich draufgekommen?

„Hast du Klarspüler?", kommt an diesem Abend eine Anfrage per WhatsApp.

„Wie macht man Milchreis?" – eine halbe Stunde später.

Es ist erstaunlich, wie tröstlich solche Nachrichten für verlassene Eltern sein können.

Wir werden noch gebraucht!

Schnell wird ein jüngerer Bruder als Bote auf den Weg geschickt.

Doch beim Abendessen stelle ich fest: Ich habe viel zu viel Salat gemacht.

„Salat übrig", tippe ich ins Handy. „Soll einer den Rest bringen?"

„Nee, lass mal", kommt es zurück, „ich komm rüber …"

In einem Moment, in dem ich nicht im Raum bin, geht Levi auf meinen Mann zu.

Der Zwanzigjährige umarmt seinen Vater und drückt ihn fest mit den Worten: „Ich habe dich sehr lieb, Papa!"

Erst ein paar Tage später erzählt mir Hanspeter davon.

Unser Weg geht weiter. Die nächsten Kapitel dieses Buches werden wir „live" in den kommenden Jahren durchbuchstabieren. Seite um Seite werden sie sich füllen.

Die eindrücklichsten Erlebnisse halte ich am Wohnzimmertisch in meinem Tagebuch fest, wenn ich dort morgens mit einer Tasse Kaffee sitze. Manchmal fahre ich mit der Hand über den einst verkratzten Wohnzimmertisch, der durch Levis Geschick wieder so schön geworden ist. Allerdings haben bereits neue Gebrauchsspuren ein paar Kratzer hinterlassen. Und Chips- und Schokoladespuren halten sich hartnäckig.

Es wird herausfordernd und abenteuerlich bleiben. Wir haben bewiesen, dass wir es ohne Gott nicht schaffen. Aber er hat bewiesen, dass er zu uns steht und an unseren Grenzen zu Hochform aufläuft.

Das gibt uns Mut für die nächsten Kapitel.

Warum dieses Buch?

Unerfüllte Wünsche können einsam machen.

Manchmal findet man kaum jemanden, mit dem man die Not teilen kann. Da mein Mann und ich in den „Tunnel"-Zeiten unseres Lebens für jede Hilfe dankbar sind und waren, haben wir uns entschieden, unsere Erfahrungen weiterzugeben. Zu jedem Kapitel gibt es Impulse und Fragen – Brief-Gedanken an eine Freundin.

Beim Thema „unerfüllter Kinderwunsch" und „Adoption" hatte ich, als ich schrieb, eine Freundin im Sinn, mit der ich leide, hoffe und bete, dass ihre tiefsten Wünsche sich erfüllen.

Außerdem hatte ich Eltern von angenommenen Kindern vor Augen.

Immer wieder erlebe ich, dass Adoptiv- und Pflegeeltern sich kaum mitteilen. Das mag in Blick auf die Fakten zur Geschichte des Kindes richtig sein – und unser offener Bericht darüber ist eine Ausnahme, die nur mit der Erlaubnis der Beteiligten möglich ist. Manchmal zögern Eltern angenommener Kinder jedoch, notvolle Situationen in der Familie anzusprechen, da der Verdacht mitschwingt, der Grund für die Probleme könnte im Versagen der Adoptiv- und Pflegeeltern liegen.

Uns hat ehrlicher Austausch immer geholfen, Schwierigkeiten besser einordnen zu können und Mut zu fassen, den Herausforderungen zu begegnen. Darum haben wir uns entschlossen, einen Blick in unser Familienleben zu gewähren. Auch dies geschah in Absprache mit unseren mutigen Jungs – ich betone das hier, weil ich sie dafür bewundere.

Fragen und Impulse zu den Kapiteln ...

Was, wenn Wünsche sich nicht erfüllen?
Oder wenn sie sich erfüllen – aber anders als gedacht?
* Brief-Gedanken an eine Freundin *

1 Tränen zum Muttertag:
Kinderlosigkeit und der „Sinn des Lebens"

» *Was ist der Sinn meines Lebens? Worauf kommt es im Leben an?* Unerfüllte Wünsche können uns an die Grenzen des menschlich Machbaren führen. Das ist schmerzhaft. Aber sie beinhalten die Chance, Fragen zu klären, die wir sonst nicht gestellt hätten. Auf diese Weise bringen unerfüllte Wünsche Tiefgang in unser Leben und bewahren uns vor einem oberflächlichen Dasein.

» Ein Kind ist eine erfüllende Aufgabe – aber der „Sinn des Lebens"? *„Kinder sind Gäste, die nach dem Weg fragen"*, heißt ein Sprichwort. Schneller als wir Eltern es uns wünschen, müssen wir sie loslassen. *Also, Gott, wozu bin ich hier?* Diese Frage musste ich in jeder Lebensphase neu überdenken: ohne Kinder. Mit kleinen Kindern. Mit Teenagern. Mit Kindern, die aus dem Haus gehen.

» Suche dir Verbündete, mit denen du die Not deiner unerfüllten Wünsche teilen kannst. Wage es dich zu öffnen. Suche dir Ermutiger! Scheue dich nicht, auch Spezialisten zurate zu ziehen.

» Gesteht euch als Paar zu, dass jeder die Trauer über den unerfüllten Herzenswunsch anders empfindet und ausdrückt. Verurteile den anderen dafür nicht. Jeder will mit seiner Wahrnehmung ernst genommen werden. Investiert bewusst in eure Paarbeziehung!

» Überprüfe den Stresspegel in deinem Leben! Arbeitest oder machst du zu viel? Bist du auf der Flucht vor der Leere? Wünschst du dir, was du dir wünschst, weil du mit deiner Situation unzufrieden bist? Wie könntest du dein Leben jetzt verändern – ohne den erfüllten (Kinder-)Wunsch als „Eintrittskarte" in ein besseres Dasein?

2 Trost mitten in Trauer:

Vom Umgang mit unerfüllten Wünschen

» Packe bewusst Dinge an, die deinem Leben Tiefe und Schönheit geben! Lebe im Jetzt – nicht im „*Wenn ich das hätte, dann wäre ich glücklich …*"
Die Wahrheit ist: *Wenn* du das *hättest*, hättest du auch neue Herausforderungen! Glücksgefühle sind nicht in erster Linie an unsere Umstände, sondern an unsere Einstellung gekoppelt. Eine richtige Herzenshaltung lässt sich in jeder Situation einüben.

» Konzentriere dich auf Gott und seine Möglichkeiten – nicht auf deinen Mangel! Dadurch wächst dein Vertrauen zu Gott. Auch beim kinderlosen Abraham im Alten Testament war es so. Von ihm heißt es, „*er ehrte Gott, … und wurde dadurch in seinem Glauben gestärkt*" (Römer 4,20).
Darum umarme Gott mit aller Energie, die du hast!

3 Ein Baby zu Weihnachten:
Sich für neue Wege öffnen

» *„Das Glück kommt oft durch eine Tür, von der man nicht wusste, dass man sie offen gelassen hatte. "*
Mich erinnerte eine alte Spruchkarte am Spiegel lange daran,
dass Gott viele kreative Ideen hat, meine Unmöglichkeiten zu
verwandeln. Nicht immer macht er es so, wie ich denke, dass
es hätte gehen sollen …
Manchmal kommt das Glück auf ganz anderen Wegen zu
uns. Sei offen!

» Bedeutet das Ausbleiben von eigenen Kindern für euch als
Ehepaar, dass ihr auch ohne Kinder leben wollt?
Wenn ihr ein Kind annehmen wollt, müssen beide ein *„Ja"*
dazu haben. Seid ihr unsicher, informiert euch bei Adoptionsbehörden, im Internet und bei Menschen, die diesen Weg gegangen sind. Die innere Klarheit wächst, indem man losgeht.

» Seid ihr bereit, *„Eltern für ein Kind"* zu werden?
Ein Kind aufzunehmen, ist ein Auftrag Gottes und wird den
ausbleibenden Nachwuchs nicht ersetzen. Lasst das Bild von
eurem Traumkind los in Gottes Hände. Auch leibliche Kinder entsprechen nicht immer den Vorstellungen ihrer Eltern.

» Zögert nicht zu lange!
Es gibt bei Adoptionen eine Altersbegrenzung für die Bewerber. Und auf diesem Weg braucht man einen langen Atem.

» Jeder will von guten Wurzeln abstammen.
Für ein angenommenes Kind ist es wichtig, dass du mit

seiner Herkunft versöhnt bist und du seine leiblichen Eltern nicht ablehnst. Sprich niemals schlecht über sie.

4 Mama, ich will ein Kind zum Spielen haben:
Aktiv Schritte wagen

» Liegt das „Schiff" deines Lebens noch im sicheren Hafen? Oder bist du schon auf hoher See, wo du mit gesetzten Segeln im Wind steuerst?
Ohne Risiko geht es nicht. Ist dein Herzenswunsch unerfüllt, bleibe nicht passiv.
Prüfe, inwiefern du aktiv werden kannst. Jeder Weg beginnt mit einem ersten Schritt.

» Wartet nicht zu lange, bis ihr einen Arzt zurate zieht.
Nach einem Jahr mit unerfülltem Kinderwunsch solltet ihr als Ehepaar einen Frauenarzt zurate ziehen. Prüft, ob ihr eine intensivere Kinderwunschbehandlung wagen wollt. Überlegt, inwieweit es für euch wichtig sein könnte, diesen Weg versucht zu haben.

» Bevor ihr euch für eine Kinderwunschbehandlung entscheidet, legt fest, in welchen Grenzen ihr euch bewegen wollt.
Für uns war wichtig, den Ärzten nicht nur ausgeliefert zu sein, sondern das Ganze aktiv mitzugestalten und auch den Endpunkt zu setzen.

» Hängt das Gelingen eurer Beziehung davon ab, ob sich euer Kinderwunsch erfüllt? Soll ein Kind vielleicht sogar Fehlendes zwischen euch ersetzen?
Eltern sind wie die Nabe in einem Rad. Je besser ihr beide im Zentrum als Einheit funktioniert, desto runder läuft es in der Familie. Darum investiert in eure Liebe, als ob es für alle Ewigkeit nur um euch beide gehen würde.

5 Ein Kind in Schwarz-Grau:
Adoption als möglicher Weg

» Die Erfahrung, sich selbst von Gott adoptiert und geliebt zu wissen, ist die beste Grundlage, um einem Kind eine neue Heimat zu geben.

» Versucht, möglichst offen in den Adoptionsprozess einzusteigen!
Wer sich von Anfang an in bestimmte Vorstellungen über das Land, das Alter des Kindes oder das Geschlecht verbeißt, kann in Schwierigkeiten geraten.
Überlasst es Gott, euch in die richtige Richtung zu lenken.
„Lass den Herrn deinen Weg bestimmen, vertrau auf ihn, und er wird handeln" (Psalm 37,5).

» Wer keine privaten Beziehungen in ein bestimmtes Land hat, kann sich an eine der offiziell anerkannten Adoptionsagenturen wenden. Sie bieten Bewerbern unverbindliche Informationstreffen an, bevor sie ein Kind vermitteln.

6 Eine Brücke aus Seifenblasen:
Ängste und Zweifel überwinden

» Wenn unsere unerfüllten Wünsche laufen lernen sollen, müssen wir die bequeme Zone unserer Sicherheiten verlassen. Hinter dem Vertrauten warten erst einmal Furcht und Zweifel. Mut bedeutet, Schritt für Schritt weiterzugehen – trotz Angst und Unsicherheit.

» Viele Ängste und Zweifel werden euch entgegenstehen, wenn ihr ein Kind annehmen wollt. Vertraut Gott, dem Experten für Adoption!
Er wird euch mit dem richtigen Kind zusammenführen. Viele Adoptiveltern berichten, wie sie gespürt haben, dass ihr Kind für sie vorherbestimmt war. Adoption ist etwas Heiliges – eine Idee aus dem Vaterherzen Gottes. Allerdings wird uns nirgends versprochen, dass wir dabei immer schöne Gefühle haben werden. Selbst für Gott ist es eine Herausforderung mit uns!

» Was ist, wenn das anzunehmende Kind krank oder gar behindert ist?
Jedes Paar muss abwägen, was es sich an Belastungen zutraut – und was nicht. Vieles kann bei uns medizinisch behandelt werden, wie etwa eine Gaumenspalte oder schielende Augen. Die Auswirkungen seelischer Wunden sind dagegen oft schwieriger in den Griff zu bekommen. Idealismus allein trägt da nicht durch.
Wir haben erlebt, dass Gott ein Spezialist für die Heilung verwundeter Herzen ist.

» Wenn du anfängst, ein Kind zu suchen, beginne zu beten, als wäre es in deinem Mutterleib. Bereits als wir davon träumten, ein zweites Kind zu adoptieren, fingen wir an, für dieses Kind zu beten. Unser Anliegen war, dass es Schutz und liebevolle Arme finden würde, die es für uns behüteten, bis wir kommen würden.

Wir staunten, wie exakt dieses Gebet erhört worden war.

7 Gut gebrüllt, kleiner Löwe!

Sich von Schwierigkeiten nicht beeindrucken lassen

» Viele meinen, ein gutes Leben bedeutet, ohne Schmerz und Schwierigkeiten zu leben. Doch stimmt das?

Die Medien präsentieren uns täglich diese Philosophie. Die Bibel erzählt uns ehrlich von Menschen, die in allerlei Herausforderungen stecken. Sie haben Eheprobleme, missratene Kinder, Todfeinde, Krankheiten oder einen leeren Kühlschrank.

Schwierigkeiten bedeuten nicht unbedingt, dass du auf einem falschen Weg bist. Stimmt die Zieleingabe in deinem Navi? Dann halte das Lenkrad fest, auch wenn die Straße holpert!

» Erinnerungen sind wertvoll.

Auf einem Seminar für Adoptiveltern legte man uns aufs Herz, bei einer Adoption möglichst viele Erinnerungsstücke für das Kind in seinem Herkunftsland zu sammeln. Meist stehen kaum Babyfotos zur Verfügung. Darum ist alles kostbar, was dem Kind später helfen kann, ein Wurzelgefühl zu entwickeln.

8 Na Kleiner, wohin fliegst du?

Offene Fragen im Familienleben

» Beziehungen in Adoptivfamilien sind von einer besonderen Unsicherheit überschattet.
Je älter das Kind ist, wenn es in die Familie kommt, desto größer kann sein Päckchen an belastenden Vorerfahrungen sein und desto weniger unbeschwerte Erfahrungen aus den Kleinkindjahren stehen zur Verfügung, auf die man bauen kann. Nicht jeder Konflikt lässt sich befriedigend lösen. Manche Fragen – auch an das eigene Handeln – werden zurückbleiben. Wir müssen vertrauen, dass Gott es gut macht, auch wenn wir nicht alles richtig machen.

» Welchen Namen legt Gott dir für dein Kind aufs Herz?
Namen sind in der Bibel von Bedeutung – sie drücken ein Programm aus. Gott gibt Menschen neue Namen, um zu zeigen, dass sie eine neue Identität erhalten: Jakob wird zu *Israel*, Abram zu *Abraham*. *„Du wirst einen neuen Namen tragen, der HERR selbst wird ihn dir geben"*, steht in Jesaja Kapitel 62, Vers 2. Ob man bei einem älteren Adoptivkind den neuen Namen auch zum Rufnamen macht, müssen Eltern sorgfältig abwägen.

» Du bist der Anwalt deines Kindes!
Dies hielt ich mir in Situationen vor Augen, in denen ich Partei ergreifen musste, auch wenn ich genervte Blicke erntete. Um unserer Kinder willen müssen wir manchmal den Mut haben, unbequem zu sein. Das beginnt mit der Entscheidung, auf wessen Schoß es sitzt, und kann bis zu der Frage reichen, wann es in den Kindergarten oder in die Schule kommt.

9 Ein Lachen vom Himmel:

Erfüllte Wünsche bedeuten neue Herausforderungen

» Es gibt immer einen Grund, unglücklich zu sein – auch wenn sich dein Traum erfüllt!

Kaum war ich in meinem Leben in einer Situation, die ich so sehr herbeigesehnt hatte, war mein Herz von einer neuen Angst und Sorge erfüllt.

„On every level, there's a new devil", so hörte ich einmal. Freunde von Computerspielen wissen, was damit gemeint ist: Auf jeder neu erkämpften Stufe begegnet dir ein neuer Feind. Kaum haben wir das Erwünschte erreicht, prüfen uns neue Herausforderungen. Darum heißt es auf jedem Level, die Lektionen zu bearbeiten, die dran sind. Sonst kann es nicht weitergehen.

» *„Sollte für Gott eine Sache zu wunderbar sein?!"*,

sagt ein Bote Gottes in 1. Mose Kapitel 18, Vers 14; ELB.

Diese Frage habe ich meinen Zweifeln entgegengehalten. Täglich fiel mein Blick auf die Türe meines Küchenschrankes, wo er hing. Es ist gut, sich Gottes Versprechen vor Augen zu halten und sie immer wieder zu lesen, am besten laut!

Wenn innerlich alles schreit: *„Es ist unmöglich!"* Was kommt dann über unsere Lippen? „Ja, es stimmt, nicht einmal Gott kann mir helfen …"

Oder stellst du trotzig die Frage in den Raum: *„Sollte für Gott eine Sache zu wunderbar sein?!"* Probiere es aus.

10 Alle Mann an Bord:

Träume sind eine Saat des Himmels

» Gott ist ein „Versorger" und ein „*Vor*-sorger".
Mit diesem Namen stellt er sich Abraham vor: „*Jahwe jireh*"
(1. Mose 22,14).
Dies bedeutet: „*Gottes Versorgung wird sichtbar sein!*" Ich staune im Rückblick, wie Gott uns in allen Schwierigkeiten immer die richtigen Menschen zur Seite stellte, die wir gerade brauchten.
Vertraue Gott, dass er dich versorgen wird – auch mit den richtigen Menschen an deiner Seite. Oder vielleicht bist du so ein Mensch, der für einen anderen die Versorgung Gottes ist?

» Unsere Wünsche und Träume sind nicht nur Schäume.
Gott nimmt sie ernst. Wir sollten ihnen nachspüren, denn oft sind sie der Schlüssel zu unserer Berufung – zum erfüllenden Sinn unseres Daseins. Ich glaube, dass mir Gott Wünsche ins Herz legte – wie etwa den Doppelkinderwagen. Für andere wäre er vielleicht der Inbegriff von Last und Plagerei gewesen. Was ist dein Traum? Was hat Gott in dein Herz gelegt? Nimm es ernst und verwirf es nicht zu schnell. Es könnte ein Saatkorn vom Himmel sein.

11 Fledermäuse und andere Schatten:
Erziehen als Herausforderung

» Weichen wir Konflikten in der Erziehung aus, kommen sie als Bumerang zurück.
  Leider ist Erziehen oft unbequem ... Wagen und Versagen gehören dazu sowie die Bereitschaft, sich selbst korrigieren zu lassen.
  Wenn wir aufrichtig und durchscheinend sind, werden unsere Kinder an uns sehen, wie man als unvollkommene Menschen mit Gottes Hilfe das Leben anpackt und bewältigt.

» Scheue dich nicht, Hilfe für Geist und Seele zu holen, wenn du in Not bist.
  Wir haben verschiedene Angebote in Anspruch genommen – und dabei das umgesetzt, was uns hilfreich erschien.
  Auch Haushaltshilfen und Babysitter können Wunder wirken.

» Oft bringen uns traumatisierte Kinder in Situationen, in denen wir uns genauso ausgeliefert und ohnmächtig fühlen wie sie. Ihr problematisches Verhalten wurzelt in Überlebensstrategien und ist ein Schrei nach Liebe und Annahme.
  Es ist nicht einfach, den Schlüssel zu ihren Herzen zu finden und führt uns oft an Grenzen, an denen wir auf professionelle Hilfe und Gottes Eingreifen angewiesen sind.

12 Engelsflügel und Elefantentanten:
Bewährte Liebe

» Liebe ist mehr als ein Gefühl – auch Mutterliebe.

Ich litt lange darunter, dass ich meine zärtlichen Gefühle im Durcheinander der Ereignisse verloren hatte. In dieser Zeit zeigte mir Gott, dass sich Liebe in Taten ausdrückt, selbst wenn ich nichts dabei fühle.

Irgendwann kamen dann auch wieder Gefühle zurück. Allerdings waren sie nie mehr so überschwänglich und unbeschwert wie bei der ersten Begegnung mit meinem Kind bei der Adoption. Eine Liebe, die durch das Feuer der Bewährung geht, fühlt sich eben anders an. Eher geprüft als romantisch, aber tragfähig.

Das gilt manchmal wohl auch für die Liebe nach vielen Jahren Ehe.

Darum liebe – egal wie es sich anfühlt!

13 SOS im Aquarium:
Kurs halten auf holprigen Abschnitten

» Wer in den Augen eines Kindes immer die Rolle des „Guten"
spielen will, wird erpressbar.
Natürlich sollten Regeln verhandelbar sein – aber nicht das
Fundament unserer Werte. Was unseren Kindern gefällt und
was sie wollen, kann nicht allein der Maßstab für das sein,
was wir erlauben. Grenzen setzen gehört zu den anstrengen-
den Seiten des Elternseins. Manche Kraftproben reichen bis
an die Grenzen unserer Belastbarkeit. „Kurs halten", raunten
Hanspeter und ich uns in heißen Situationen zu. Oft erlebten
wir, dass es unseren Kindern am Ende zugutekam, wenn wir
durchhielten.

» Vergebung ist in erster Linie eine Entscheidung – kein Gefühl.
Ich vergebe, weil Gott mir vergeben hat – getreu dem Motto:
Wie Gott mir, so ich dir. Das nimmt dem Teufelskreis der
Bitterkeit die Dynamik. Vergebung bedeutet nicht, dass ich
so tue, als wäre nichts gewesen oder als hätte es mich nicht
verletzt. Es bedeutet nur, dass ich mein Recht niederlege, den
anderen anzuklagen und es ihm heimzuzahlen. Ich übergebe
den Fall an Gott. Er ist mein Rechtsanwalt. Damit kann ich
das, was war, befreit hinter mir lassen.

14 Warum gerade ich?

Schwierigen Lebensfragen nachspüren

» *Warum gerade ich?* Diese Frage ist erlaubt. Aber man kann sich nach meiner Erfahrung in dieser Frage verheddern. Wir grollen in einer Ecke, ohne weiterzukommen. Die Lösung ist eine Beziehung: Im Vertrauen darauf, dass Gott es mit mir gut meint, kann ich mit ihm an meiner Seite Schritt für Schritt weitergehen. Ich finde vielleicht keine Antwort auf diese Frage, aber Frieden.

» Was keine Wurzeln hat, kann nicht in die Höhe wachsen. Darum lassen Schnittblumen die Köpfe hängen. Wer nicht weiß, woher er kommt, hat es schwer, weiterzugehen. Darum müssen wir uns der Frage nach unserer Herkunft stellen. Solange wir mit Eltern oder Umständen hadern, bremsen wir uns aus. Es ist von unschätzbarem Wert, sich mit seinen Wurzeln zu versöhnen.

» Was bestimmt meine Identität? Bin ich ein Produkt meiner Vergangenheit und meiner Lebensumstände? Oder bin ich ein Geschöpf? Dann lebe ich als Gegenüber meines Schöpfers, der mich mit einer Absicht in diese Welt gesetzt hat. Schaue ich zu ihm, formt nicht länger die Vergangenheit meine Identität. Im Blick auf meinen Schöpfer finde ich Orientierung, die mich über meine Wurzeln hinauswachsen lässt.

» Wahrheit ist nicht immer leicht auszuhalten, aber nur sie beinhaltet die Chance zur Heilung. Eine Adoption geheim zu halten, hat sich nicht bewährt. Un-

aufrichtigkeit in Beziehungen schafft nur neue Vertrauens-
brüche und Narben, wenn es herauskommt.

15 Wiedersehen in Weißrussland:
Unerfüllte Wünsche als Startrampe

So eine Story zu erleben, hätte ich mir niemals träumen lassen, als ich vor zwanzig Jahren vor der Wand meiner unerfüllten
Wünsche stand.

Ich habe sie aufgeschrieben, damit du siehst, was aus deinen
unerfüllten Wünschen werden kann: eine Startrampe für wun-
der-volle Erfahrungen und ungewöhnliche Geschichten. Wir
sind darin die Hauptpersonen – doch der Autor ist ein anderer.

HERR, wer unter allen Göttern ist dir gleich?
Wer ist wie du, herrlich und heilig?
Wer vollbringt so große, furchterregende Taten?
Wer tut Wunder – so wie du?
2. Mose 15,11

Danke

» meiner Schwägerin Renate. Der Himmel weiß, was du als Elefantentante im Verborgenen investiert hast.

» Julia und Oxana: Ihr habt zwei kostbaren Menschen das Leben geschenkt – allen Umständen zum Trotz!

» meinen Eltern für eure Liebe und Ehrlichkeit, in der ich an eurem Leben Anteil nehmen durfte. Ihr seid wunderbare Eltern – viel mehr als „ausreichend gut"!

» Dr. Michel und Christiane Guth. Ihr habt uns als „geistliche" Kinder adoptiert mit unbeschreiblichem Einfluss auf unser Leben.

» Linda für alle Hilfe im „Dschungel" von Weißrussland.

» Sveta, Tanja und Andrej – euch hat der Himmel geschickt! Mit unserer Freundschaft schreiben wir mit an einem neuen Kapitel der deutsch-weißrussischen Geschichte.

» Frau Wolf-Richter und allen Mitarbeitern von Adoptionsbehörden. Es ist ein Vorrecht, von SachbearbeiterInnen mit Herz unterstützt zu werden.

» Dr. Jan Frölich – einen solchen Jugendpsychologen an der Seite zu haben, ist wie mit Indiana Jones in der Wildnis unterwegs zu sein.

» Kirsten, Angelika und Christiane. Vier Kinder auf einen Streich! Für euch kein Problem – ohne euch als „Babysitter" wäre uns die Puste ausgegangen.

» Petra Hahn-Lütjen, Lektorin beim Brunnen Verlag, du hast an den Schatz in unserem Acker geglaubt und mir geholfen, ihn auszugraben.

Ich widme dieses Buch

» *Hanspeter*
Im Sandsturm des Lebens haben wir uns fast verloren. Doch als der Staub sich legte, haben wir uns wieder gefunden. Das muss wohl Liebe sein – die ganz große.

» *Levi, Josia, Isaak und Elia*
Ihr seid meine Schätze auf Erden, die ich in den Himmel mitnehmen will.
Ich liebe euch.